高校三全育人的理论探索与实践创新研究

梁笑莹◎著

北京燕山出版社

图书在版编目（CIP）数据

高校三全育人的理论探索与实践创新研究 / 梁笑莹
著 . -- 北京 : 北京燕山出版社 , 2022.12
ISBN 978-7-5402-6792-6

Ⅰ . ①高… Ⅱ . ①梁… Ⅲ . ①高等学校—思想政治教
育—研究—中国 Ⅳ . ① G641

中国国家版本馆 CIP 数据核字 (2023) 第 003301 号

高校三全育人的理论探索与实践创新研究

著者：梁笑莹
责任编辑：战文婧
封面设计：张秋艳
出版发行：北京燕山出版社有限公司
社址：北京市西城区椿树街道琉璃厂西街 20 号庆云堂
邮编：100052
电话：010-65240430（总编室）
印刷：北京厚诚则铭印刷科技有限公司
成品尺寸：170 mm × 240 mm
字数：210 千字
印张：11
版别：2022 年 12 月第 1 版
印次：2023 年 8 月第 1 次印刷
ISBN：978-7-5402-6792-6
定价：72.00 元

作者简介

梁笑莹　女，1991年10月出生，广东省茂名市人，毕业于广东外语外贸大学，硕士研究生学历，现任广东海洋大学讲师，专职辅导员。研究方向：高校思想政治教育、高校学生事务管理。主持广东高校网络思想政治工作研究课题一项、湛江市哲学社会科学规划项目一项、广东海洋大学校级课题项目三项，发表论文十余篇。

前　言

百年大计，教育为本。新时代大学肩负着人才培养，为社会和国家服务的重大使命，而坚持把"立德树人"作为中心环节，培养党和国家需要的建设者和接班人是时代赋予高等教育的重要任务。高校要完成新时代党和国家交予的重要任务，必须要立足于新时代的高校思想政治教育工作，着重构建"大思政"格局，调动一切力量，整合各方资源，将思想政治教育工作贯穿教育教学的全过程，努力达到全员、全程、全方位育人的"三全育人"局面。

本书第一章为高校三全育人概述，主要介绍了三个方面的内容，依次是高校三全育人的内涵和特征、高校三全育人的理论依据、高校三全育人的体系建构。第二章为高校三全育人机制——服务育人，主要介绍了四个方面的内容，依次是高校服务育人的相关概念、高校服务育人的功能分析、高校服务育人的现状分析、高校服务育人的路径优化。本书第三章为高校三全育人机制——文化育人，主要介绍了四个方面的内容，依次是高校文化育人的相关概念、高校文化育人的要素构成、高校文化育人的现状分析、高校文化育人的构建路径。第四章为高校三全育人机制——实践育人，主要介绍了四个方面的内容，依次是高校实践育人的相关概念、高校实践育人的功能分析、高校实践育人的现状分析、高校实践育人的路径优化。第五章为高校三全育人机制——管理育人，主要介绍了四个方面的内容，依次是高校管理育人的相关概念、高校管理育人的内容及原则、高校管理育人的现状分析、高校管理育人的实践路径。第六章为高校三全育人的实践探索，主要介绍了三个方面的内容，依次是高校三全育人的实施路径、高校三全育人的构建机制、高校三全育人的价值与意义。

在撰写本书的过程中，作者得到许多专家学者的帮助和指导，参考了大量的学术文献，在此表示真诚的感谢。本书内容系统全面，论述条理清晰、深入浅出，但由于作者水平有限，所以书中难免会有疏漏之处，希望广大同行及时指正。

作者

2022 年 3 月

目 录

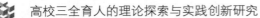

第一章　高校三全育人概述

"立德树人"是教育最根本的任务，一般来说，三全育人包括全员育人、全方位育人、全程育人三部分，总而言之，它是立德树人工作的最重要的措施与机制。对于全国各大普通高等院校来说，完成"三全育人"最基本的教育任务，就需要各位教师与学校领导时刻谨记"立德树人"的根本任务，相关教育工作者要准确把握三全育人的丰富内涵，积极开展有效的三全育人的探索与实践，通过各种教学活动有效地帮助学校加强自身开展的思想政治工作的针对性与时效性。本章主要为高校三全育人概述，共分为三节进行叙述，分别是高校三全育人的内涵与特征、高校三全育人的理论依据、高校三全育人的体系建构。

第一节　高校三全育人的内涵与特征

三全育人一般包括全员育人、全方位育人、全程育人三部分，对于相关教育工作者来说，只有深入了解三全育人的工作内容，才能够根据需要进行有效实施。

一、三全育人的内涵

三全育人本身是一种在高校实行的教育理念，适用于对学生的学习进行一个全面的、系统的指导，其本身就是"大思政"格局形成的标志。三全育人在广义上来讲，其本身并不只是推行德育教育，与此同时还包含着育人成才过程中的各个方面的教育活动；但是，从狭义的角度上来看，三全育人本身较为偏向于德育教育，其本身基于时间与空间的角度对高校推行的思政教育进行相关考量。

（一）全员育人的内涵

作为三全育人中的一部分，全员育人自身也包含着三部分，分别是教书育人、管理育人、服务育人，这三部分都指向于一个结果，即不管是学校进行教书育人的教师还是进行相关管理工作的人员，又或者是在学校中进行服务的各个岗位的职工都可以在完成自身的本职工作的时候有意地对学校的学生实行直接或者间接的思想政治教育，由此可以看出这三种育人方式在一定程度上可以实现系统地育人的工作思想，展现出育人工作在时间与形式上的有机统一。

（二）全程育人的内涵

三全育人中的另一部分是全程育人，这种育人方式侧重将育人工作贯穿于学生的学习生涯中，这种育人方式，是思政教育本身的持续性与全程性的体现。对于刚刚进入高校进行学习的学生来说，不同的成长学习阶段自身都会有不同的特点与身心发展规律，所以对于教育工作者来说，需要根据学生自身的变化选择合适的思政教育方式与内容对其进行教育，并且教育工作者还需要坚持不断提升自身的思政教育工作的实用性与针对性，确保学生能够学有所成，有效提升高校学生对于思想教育的接受程度，从而促进高校思政教育的工作发展。

（三）全方位育人的内涵

作为三全育人的最后一部分，全方位育人本身相较于前两部分更加侧重于在空间的角度进行育人，更加注重对学生运用多维空间的不断拓展的育人方式，这种育人方式有效实现了立体化育人。需要注意的是，在进行高校育人的时候需要将育人过程中的各个方面与环节进行有效结合，由此不断拓宽高校育人的道路，并最终将显性教育与隐性教育进行有机结合，最终使得思政教育可以以润物细无声的姿态逐渐渗透进高校学生的学习生活中，从而有效实现高校学生的身心健康发展。

对于教育工作者或者是需要对三全育人进行深入了解的研究者来说，如果要对其进行深入了解与实际掌握就需要对三全育人本身的要素及内核进行深入的了解，不只如此，还需要对三全育人中所包含的全员育人、全程育人、全方位育人之间的关系进行准确的掌握，以及对这三部分的逻辑关系与每种育人要素的作用与地位进行了解与掌握。

经研究发现，在实行三全育人的过程中需要首先实现全员育人，即需要高校的教师、管理者等所有职工正确认识自己的职责，将思政教育的思想融入日常生活中，如果在高校教室、生活与学生自身的家庭中实行全员育人的理念，就能够更好地实现之后的全程育人与全方位育人，其中作为全员育人推进过程中的纽带，全程育人与全方位育人在空间性与时间性上的融合能够有效实现二者之间的沟通。毕竟在三全育人中，这三者是相辅相成，相互作用的，只有经过相互配合才能够实现高校需要的"一体化"的育人体系，这种体系的建造是为了贯彻落实党和国家要求的培养新时代高素质与高水平人才的目标。

二、三全育人的特征

对于高校教育而言，三全育人这一理念本身是一种"大思政"的教育模式，它自身在进行育人的过程中不只是涉及育人的各个方面，还需要团结与利用教育工作过程中任何能够利用的力量，一般而言，它自身有着以下几种特征。

（一）三全育人的系统性

首先是三全育人的系统性，对于育人工作而言，这是一个系统工程，在进行育人工作的过程中需要各方进行合作、配合、帮助等，由此才能够实现育人合力。众所周知，三全育人这一育人理念是基于大思政的格局而提出的，所以说，实行三全育人的高校应当建立一个有着健全党委进行统一领导的，有着党政群团与各部门进行共同参与的育人体制。在进行思政教育的时候，可以通过各种能够使用的力量发挥育人职能，充分实现将思政教育无声无息地融入日常生活中，由此实现"思政课程"到"课程思政"的转变，并最终形成高校德育教育的新形式。与此同时，还需要将学校、家庭以及社会进行联合，通过育人合力的试行，确保良好的育人效果。

（二）三全育人的全面性

三全育人本身具有全面性，对于教育工作者或者任何一个教育主体而言，实现人的全面发展就是教育自身所要追求的最完美的结果。对于高校而言，育人的最终结果就是要实现立德树人，使经过教育的学生德才兼备，高校能够通过教育让接受教育的学生获得更为开阔的视野。但是需要注意的是，高校在进行育人工作的时候，不只是要传授其专业知识、德育知识，还需要有意识地提高学生自身的文化素养，只有这样才能够帮助学生更好地开阔视野。除此之外，高校在进行育人的时候还需要格外注意学生的德育教育、体育教育、美育教育，甚至还要引导学生开展社会实践，通过各方面的作用与影响，最终实现学生的全面发展与健康成长。需要注意的是，三全育人的主体是人，是需要教育培养的学生，所以说一切教育获得都需要以学生为根本，选择合适的方法对学生进行教育，使其能够有效掌握科学文化知识，拥有健康的身体素质与良好的心理素质，养成良好的道德品格。

（三）三全育人的全程性

三全育人拥有的最后一种特性是全程性，这种特性本身具有长期性与反复性的特点。需要注意的是，在高校进行三全教育的时候，为了保证让学生获得有效的思想品德教育就需要有意识、有计划、有规律地将德育教育贯穿于学生的学习生活中，使思政教育存在于学生学习的全过程。但是需要注意的是，在进行学习的过程中，不同的学生会因为自身的种种原因而获得不一样的学习体验，这就需要教育工作者能够根据不同学生的不同特点进行不同教学内容的分配，这种方式不仅能够帮助学生更好地获得教学信息，还可以让教育工作获得更好的教学效果，这种教学方式对于育人的针对性更强，最终的效果更加明显，因此这就体现出三全育人自身的全程性的特点。

第二节 高校三全育人的理论依据

需要注意的是，不管是多么伟大的理论，其自身的出现都是以前人的理论为基础的，就比如在高校实行的三全育人。

一、马克思主义相关理论是理论渊源

（一）人的全面发展理论

马克思主义的研究对象是真实的人，通过对人的本质进行研究发现，通过实行人的全面发展观可以有效克服个体发展中的局限性，马克思主义按照人的本质指出个人需要超脱发展的个别性，生活在社会中的人应当进行全面、自由、充分、均衡的发展，实现人的全面发展能够在广度与深度的层面上将过往的不合适的发展结果进行消解，这就从根本上指明了全新的发展状态。

在现代社会对人的培养应当基于人的全面发展理论，推行高校三全育人教育理念的全面贯彻落实。需要注意的是，三全育人的最根本任务是对人进行培养，是为了帮助高校进行思政教育，最终帮助所有人能够在社会中全面发展、均衡发展，由此可以有效激发学生的自觉能动性，继而提升学生的德育水平，最终提升学生在日常生活中的团队合作、人际交往等能力，从而实现学生自身全面且自由的发展。

（二）过程论

在现实生活中一切存在的事物都不能够独立于世界存在，毕竟任何事物都会与其他事物相互作用。而且，现实生活中的所有事物都是在一刻不停运动的，虽然不同事物的运动状态是不同的，但是需要注意的是所有事物运动的总方向具有一致性。经过观测可以发现，所有事物在运动时的总方向并不是按照直线运作的，而是以一种曲折的方式进行运动。在宏观的角度上就能够明显发现，现实生活中的任何事物都不会一直稳定的发展，总会在运动的过程中遇到或多或少的问题阻碍它的发展，从而改变该事物之前的运动状态。

我们可以通过辩证唯物主义的方式对高校的三全育人的发展状态进行细致的研究。经过研究发现，高校实行的三全育人思想在发展中虽有波折，却也在不断地进步，在改革开放初期，三全育人的教育思想沿袭了当初提出的三个面向、素质教育等思想。需要注意的是，尽管三全育人的教育思想在我国传承多年，但是该思想并不是不可取代的，它会随着我国的社会发展不断改进，直至走向成熟。三全育人教育思想中最为重要的一个部分就是全程育人，毕竟这种教育思想强调在学生的学习过程中应该以一种"润物细无声"的方式将思政教育渗透其中，最终实现教育与生活的无缝衔接。

二、马克思主义中国化相关理论是理论指导

高校的三全育人教育思想来源于在中华人民共和国建立之初所提出的三全育

人教育思想，在那段时间，政治环境严峻，国民生活艰苦，尤其是教育事业发展缓慢，所以说，在那时最为重要的问题就是怎样有效提高社会事业发展水平，之后在不断地研究中，三全育人思想诞生了。

在改革开放之后，党中央经过研究决定了实事求是的思想路线，重新开始启用三全育人的教育理念。邓小平在观察国际局势之后认为："教育要面向现代化，面向世界，面向未来。"① 这种教育理念帮助我国教育事业逐渐适应了市场经济的发展模式，更好地帮助各大高校进行教育改革。之后，各大高校开始抛弃之前传统形式的教育格局，逐渐拓宽自身的专业面；开始实行学分制，实行根据学生自身的兴趣进行选课的教育模式；积极与国际上的各大高校进行各种交流。但是需要注意的是，教育工作不能够全盘由政府进行包办，为保证社会和谐有序的发展就需要实行培养全面发展人才的方式，逐渐增强育人队伍的教育水平。

时间走入新的历史阶段，随着我国经济的高速发展，为保证社会的有序发展，不仅需要推行科技创新，还需要注意政治生态的廉洁与高效，有效推进脱贫攻坚的精准发展，严格要求生态工程的防治工作，最终实现综合国力的显著增强。在这一阶段，就需要各大高校有效推行思政教育。

高校是培养人才的主要场所，在这里必须推行切实有效的育人理念，最为合适的育人理念就是"立德树人"。在进行思政教育的时候，需要保证，教育的主体是学生，该项工作的最终目的就是提高学生的思想政治素养。随着我国社会的不断发展，现如今我国社会的主要矛盾已经发生变化，各大高校的育人工作也在随着我国社会矛盾的变化而变化。习近平认为，要想提升思想政治工作的实际效果就需要"把思想政治工作贯穿教育教学全过程，实现全程育人、全方位育人，努力开创我国高等教育事业发展的新局面"。② 由此这就使得现阶段实行的三全育人的教育理念得以成立。

三、思想政治教育协调控制律是直接理论依据

作为三全育人的直接理论依据，思想政治教育协调控制律能够帮助思想政治教育的主体更好地协调各要素之间的矛盾，有效控制各矛盾之间会产生的影响，控制各要素能够更好地同向发挥作用。

① 邓小平．邓小平文选第 3 卷 [M]．北京：北京人民出版社，1993.10.
② 习近平．在全国高校思想政治工作会议上的讲话 [N]．人民日报，2016-12-9（01）.

（1）思想政治教育各要素应当保持协调一致。在思想政治教育的工作中应当注意，它是由各要素之间的相互作用与影响构成的，主要是教育主体及相应的活动、教育客体与相应的活动、教育内容与相应的形式、社会环境与相应的教育支持条件。从主体因素上来看，学校的党委应当着重发挥自身顶层设计的作用，教育工作者则需要保证自身教育工作的专业性，相应的职能部门就需要做好管理服务育人的工作。参与到教育工作中的各部门不只要保证自身的工作有效推进，还需要保证与其他部门进行有效配合。对于学校来说，要时刻关注社会发展水平，根据社会的要求调整教育目标，学生家长应当积极配合学校的思想政治教育工作，对于学校与家庭而言，自身的教育目标应当符合社会主导的教育要求。

在学校中实行的三全育人的教育理念要求挖掘各种育人力量，将育人的主体要素进行有效协调，最终保证教育、管理、服务三者之间协调配合。思想政治教育从教育的内容与形式上可以将其看作一个紧密结合的整体，其中就包含着相关的政治教育，这些政治教育的核心内容就是引导学生树立一个正确的政治意识，最终形成以正确的价值观念为根本内容的思想教育，以良好道德品质为基础内容的道德教育，以及将健康的心理素养作为重要内容的心理教育。对于教育工作者而言，不管是忽视哪一部分的教育内容都会导致素质型时代新人塑造的失败，所以说，在教育的过程中应当重视教育内容的协调性与连贯性。"思想政治教育形式包括方法、载体和活动"[①]，它是教育活动中主客体进行双向互动的中介。在教育活动中，思想政治教育本身特征多种多样，不同的特征发挥着不同的作用，其根本目的就是服务教育目标与教育任务。

（2）思想政治教育阶段应当保持连贯一致。需要注意的是，思想政治教育并不是一蹴而就的，是不同的阶段之间的相互衔接与相互影响形成的，对于思想政治教育的不同阶段而言，它们有不同组合的特征，也有着不同的侧重点，这些不同的侧重点是由受教育者自身身心发展的阶段性特征而决定的。对于教育工作者来说，开展阶段性的育人工作就需要把握受教育对象在不同阶段的特征，通过运用对应的教育形式，实现良好的教育效果。与此同时，还需要注意，各个教育阶段之间应当是连接紧密的，保证各个教育阶段的教育方向是一致的。在高校三全育人教育理念的指导下，需要注意阶段性的教育，有效解决受教育者在不同时期的各种问题，实现教育过程的紧密连接。

---

① 　教育部思想政治工作司编．思想政治教育原理与方法［M］．北京：高等教育出版社，2010.

（3）思想政治教育的影响要保持辩证统一。在生活中制约育人发展过程的一般有两个方面，一个是教育主体所施加的自觉影响，另一个是社会环境所产生的自发影响。一般情况下教育主体所施加的教育影响步调应当是一致的，但是在现实生活中，因为教育主体在思想水平、认知能力、家庭背景等方面有着不同之处，很容易在教育过程中出现不协调因素，最终导致教育效果不尽如人意，甚至出现反效果。另外一方面的社会环境因素的影响更为复杂，现阶段大行其道的网络媒介充斥着各种难以调控的虚拟因素，有些甚至有着极为突出的负面影响，所以这就需要教育工作者能够辩证地看待育人影响，及时消除相关的不协调因素，有效利用相关的积极因素，最终实现教育主体的自觉影响与社会环境的自发影响之间的辩证统一。

四、西方道德教育理论是重要理论借鉴

尽管三全育人是我国所独有的教育理念，但是在现阶段，国外的一些专家也对三全育人的某些方面进行了深入的研究。

（一）实用主义德育模式

19世纪末至20世纪初，国外的宗教教育会强迫学生接受教会推行的各种规范与准则，甚至还会对那些不遵从这些规范与准则的学生实施惩罚，但是，随着社会的发展，宗教教育逐渐无法适应美国社会的发展需要，由此产生实用主义的德育教育。由达尔文提出的进化论是美国实行实用主义德育教育模式的基础，之后，实用主义德育教育模式开始吸收黑格尔的辩证哲学与詹姆士的心理学，最终使得这一德育教育模式摆脱了哲学的独断局面，形成了辩证发展观。

在未推行德育教育的时期，教育工作者会将学生视作成年人，对于知识的传授采用最为强硬的强迫灌输方式，按照学生的学习成果实行对应的奖励或惩罚。但是这种教育模式并不适用于少年儿童，甚至会抹杀少年的个性与创造性，不利于少年儿童的发展。之后，为克服传统教育的弊端，开始实行现代教育的新教育观。值得注意的是，对于人类来说，教育是人这一生中必不可少的经历，没有教育，人就会无法生活。生活也是老师，我们能够从生活中学习到相关的经验，人会被生活环境等因素影响，也会反过来通过自身改变周围环境。在生活中，个体

总是会不断地改变自己，逐渐使自己变得强大，有效帮助自己适应周围环境。所以说，实行德育教育就能够帮助个体更好地适应社会环境，这种将德育教育渗透到学校的教育生活中的教育方式与我国推行的全程育人的教育理念十分相似。

（二）混合德育模式

不同的德育模式有着不同的特征。所以说，混合德育模式不只要广泛吸收其他德育模式的各种合理因素，还要有效结合本民族的一些优秀道德品质对德育模式进行创新。这一模式的优势是其通过开设一些专门的德育课程来推行德育教育，但是其劣势就在于通过专门的课程单项地向被教育者传输条文，最终的教学效果不尽如人意。另一种的德育模式被称为全面主义模式，其自身形态多样。这种德育模式有着一个显著的优势，就是能够将德育教育渗透到各学科的教学中，使得这些学科在教学中还拥有德育功能。但是这种德育模式还有较为严重的弊端，就是其完全否认了道德准则对于人的行为有指导作用，这就会陷于道德相对主义。所以将这两种德育模式进行混合就可以发扬两者的积极因素，摒弃两者的消极因素。

将德育课程通过各式教育活动贯穿于教育中各学科的教学中的形式就被称为混合德育模式。通过对德育的方式进行研究，就能够发现混合德育模式采用的是直接方法，是通过开设各类课程向受教育者传授各种人文科学知识。与此同时还需要注意环境对于受教育者的潜移默化的教育作用。重视社会实践对于育人的作用，有效发挥学校中的隐性德育功能，这种教育方法为全方位育人提供了重要借鉴依据。从德育主体的方向上可以认为，混合德育模式是将杜威的"三位一体"的德育教育的模式通过发展，改变家庭、学校、社会三者进行协调配合的混合德育模式，值得注意的是，这种教育模式为之后广义上的全员育人提供了相关的借鉴依据。

综上所述，尽管西方国家与我国在社会制度上面有着各种十分显著的差异，但是双方在育人工作的核心对象上是一致的，都是将学生个体作为教育的主体，因此双方的德育经验是可以相互借鉴的。对于大多数西方国家而言，十分重视对于隐性教育的积极作用的发挥，这种教育方式为我国的高校育人工作提供了十分重要的理论依据。

第三节 高校三全育人的体系建构

民族与国家的兴衰与教育有关，要对高校三全育人的体系进行建构就需要将全员育人、全程育人与全方位育人进行落实，牢记以问题为导向，积极且认真地总结高校的思想政治工作的实践经验，通过与新时代、新环境以及大学生自身的特点进行结合，还需要严格遵循教书育人的规律、学生成长的规律以及思想政治的工作规律。

一、强化协同联动，完善三全育人协同机制

（一）党委与行政工作协同

为强化协同联动，完善三全育人协同机制，首先就需要实现党委与行政工作的协同，如果要实现这一点就需要全面加强党委对于学校的全面领导，使得党委能够在开展学校的教育改革的活动中做到准确地把握改革发展方向，统筹全局，能够确定相关决策以及确保这些决策可以落实到学校的改革中，与此同时还需要注意，党委要注重行政系统实行的立德树人的工作任务的支持，不只做到统领全局，还要做到成为改革发展中的绝对核心，实现党政在推行立德树人工作中的步调一致，使得工作能够协同开展，实现上下联动，协调一致。

（二）思政课程与专业课程协同

另一个方面是实现思政课程与专业课程的协同开展，对于高校来说，高校开展的思政课程就是各位大学生能够感受到的思想政治教育最主要的渠道，所以说，高校的教育工作者与各级领导应当注意对以往的不合时宜的思想政治教育课程进行优化，彻底改变之前极为重视思政教育而轻视专业课程的情况。高校要开展"大思政"教育模式，主要就是通过充分挖掘专业课程涉及的德育因素，充分发挥现有专业课程的育人功能，最终实现思政课程与专业课程的协同开展，两者共同发力，互相配合支撑。在"大思政"的教育模式之下，要积极推动思政课程与课程思政的协同进行，使"立德树人"这一理念渗透到高校的各个课程与专业中。

（三）课堂内与课堂外协同

现阶段部分高校重视课堂教学的育人功能，而忽视了课外活动也具有一定程度的育人功能，为应对这种情况，我们需要将育人过程中的各个环节进行疏通，成功在课堂上实现教学育人，在课堂外实现实践育人，这样就可以将课堂内外的教育资源进行有效结合，最终实现高校学生素质的全面发展。对于大多数大学生来说，"第一课堂"是他们在大学生活中最为重要的一部分，所以说教育工作者需要切实发挥"第一课堂"的育人功能，引导大学生积极参与各种课外实践，使得立德树人的思想能够充分融入大学生的学习与生活中，最终实现全员育人、全程育人与全方位育人。

（四）学校、社会、家庭与学生协同

实现家庭、学校、社会与学生的协同，就要切实改变现阶段的人才培养方式，对学校的教育资源进行充分整合，再充分利用社会与家庭能够提供的教育资源，挖掘学生的主体性，激发学生学习的动力，由此形成学生主动努力学习、家庭给予支持、学校加以培养、社会积极参与的良好局面，最终有效推动这四位一体的育人联动机制的建立，实现整体化与系统化的育人长效机制。

二、坚持问题导向，创新三全育人实践模式

（一）坚持三全育人理念，创新人才培养模式

首先需要做的就是落实立德树人的根本任务。在学校的教育工作中实现立德树人的要求就需要将思想政治工作融入办学治校、教育教学的每个环节中，真正建立一套有着健全的标准、完善的内容、科学的运行方式等优点的三全育人的人才培养模式。为建立这一模式，首先需要将政治建设作为统领，通过教学培养一批有理想、有本领、有担当的新时代的青年大学生，并且将其作为教学目标，之后还需要将十大育人体系作为这一教育模式的核心，需要注意的是，这一育人模式的重点就是统筹规划机制以及组织实施机制的创新，与此同时还需要确保队伍保障、经费保障、政策保障，从而可以解决学校的思想政治工作不平衡、不充分的各项问题，帮助学校推动对于学生的能力培养、知识教育以及价值塑造。

（二）推进三全育人实践不断守正创新，确保育人质量取得实效

要想推动三全育人实践的不断创新就需要在课程育人、科研育人、实践育人、组织育人、网络育人、文化育人、管理育人、服务育人、心理育人、资助育人这十个方面进行深入探索与创新。将之前的思政课程进行优化，实现课程思政的育人新途径。在科学研究的过程中引入思想价值的引领。通过现阶段较为流行的新媒体技术，积极推动互联网＋思想政治教育的建设，引导学生学习与思政教育相关的典型案例。为实现全过程育人，需要将育人功能的发挥纳入服务管理岗位的考核评价中，积极发挥高校的各类党政群团组织的育人功能，最终使三全育人获得切实的效果。

（三）发挥育人主体的积极性、创造性，激发基层三全育人实践创新活力

三全育人需要注意在实践中要尊重基层的创新，牢牢把握群众路线。对于积极开展三全育人工作的高校，众多教育工作者与被教育者不仅需要积极探索创新，还需要对这一工作进行身体力行的推动。为实现三全育人的工作，高校需要积极建设党政领导干部队伍、高校思想政治理论教师队伍、高校辅导员队伍、高校班主任队伍与高校党支部书记队伍之间的协同育人机制。与此同时，高校还需要注意建设思想政治理论课教师队伍与辅导员队伍有效交流的机制以及思想政治工作者与专业教师之间的交流机制，甚至师生之间的互动工作机制等等。在建立种种机制的过程中要积极创新，要允许创新过程中产生失误，并确保失误之后的及时修正，激发育人工作中基层的创造热情，进而推动三全育人逐渐形成合力，之后再不断深入。

三、完善制度标准，构建三全育人评价管理体系

（一）加强全员育人主体的科学评价管理体系建设

重视学生在学习中的获得感与认同感，逐渐完善评教、评管、评服务的三评体系，并逐步扩大评价的范围，逐步提升这一评价的针对性、时效性、有效性，最终构建一个以全员育人为主体的科学评价体系，并以此逐渐完善专业教师的管理机制与相关的分类评价体系。甚至还要基于此设立对于教师的分类考核机制。在之后不断完善管理人员的职务聘任程序与岗位聘任制度。不断推进相关部门的

深化改革，推行科学的评价体系，将育人服务态度、服务质量、工作效果与服务部门的人员薪酬进行挂钩，并由此建立合适的考核体系。

（二）加强大学生全过程成长评价管理体系建设

在育人过程中，将学生成长成才的过程作为主线，并且将学生自身的思想品德素质、创新创业能力、学习与实践能力的变化作为对其评价的要点，并由此建立一个切实可行的评价体系。在这一评价体系中可以通过对学生不同学习阶段的成长进行测评，最终得出相对客观的评价。

（三）加强育人工作全方位评价管理体系建设

加强对于育人工作的全方位评价管理体系的建设，就需要将促进学生的全面发展作为它的考核目标，为实现这一要求就需要将现有的十种育人体系作为建设这一管理体系的基础，同时还需要对现有的高校中的各学科、各岗位、各环节的育人因素进行总结归纳，将这些因素作为学校三全育人整体制度设计中最为重要的考量因素，并依据以上的条件研究制定能够适用于当今时代高校的相关考核评价体系，其中主要是立德树人根本任务对于全方位育人的要求。需要注意的是，在实行考核评价体系的时候要深入了解学校各方面协同育人的效果及现状，要注意育人工作中课堂育人与实践育人的效果评价，最终实现育人过程中各环节之间的协同发展，最终有效推动高校的全方位育人。

第二章　高校三全育人机制——服务育人

本章高校三全育人机制——服务育人主要介绍了四个方面的内容，依次是高校服务育人的相关概念、高校服务育人的功能分析、高校服务育人的现状分析、高校服务育人的路径优化。

第一节　高校服务育人的相关概念

在最开始的时候，服务的意思是使他人能够获得利益的一种有偿或无偿的活动。但是"服务"在高校的后勤机构中被赋予了更多的含义，就比如它还获得了教育的内涵，指的是工作人员能够通过服务为学生提供某一方面的教育。现阶段很多研究者都是直接将高校作为主体进行相关概念的界定与分析，很少有将除了高校之外的机构作为服务育人的主体进行论述的。从字面上可以对服务育人的意思进行初步的了解，可以认识到它是通过对其他个体提供服务而实现育人的，指的就是将服务作为育人的载体。服务人员可以通过自身服务的给予性与奉献性影响教育对象，从而在一定程度上对服务对象进行思想上的影响与行为上的规范。所以说，通过相关的服务人员对于服务教育这一概念的强化能够在一定程度上影响教育对象的三观。

高校的服务育人有着广义与狭义两方面的区别，广义上的高校服务育人包含着十分广大的范围，其中包括教育工作者、学校的管理干部与各类工作人员在对学生进行教育、管理等工作过程中将育人的因素融入其中，由此会对学生产生潜移默化的影响。从狭义上来说就是指通过高校中的后勤服务育人。

对于一所高校而言，育人就是办学最重要的目标，而且其提供服务的目标也是育人，在服务中可以通过潜移默化的方式将立德树人的教育理念融入其中，达到育人的效果。所以说，在一定程度上可以认为服务育人就是在服务的过程中对服务对象进行教育。高校想要得到人民的满意就需要为受教育者提供良好的育人服务，为社会培养优秀的人才。

一、服务育人的主体：以人为本

在传统的教育环境中，高校的育人机制并不能对学生进行全面且细致的有针对性的思想政治教育，这会导致大学生的主体地位遭到忽视以及高校的育人功能的质量逐渐下滑与效率降低，这些弊端是传统的高校育人工作中最需要解决的问题。对于现阶段的我国的高校来说，需要坚持以人为本，将学生作为教育的主体，牢记为人民服务，积极发展中国特色社会主义教育。

对于高校来说，服务育人的主体是人，所以说高校中的教职工与学生都是高校服务育人的主体，在这之中，学生就是受到格外重视的主体。高校本身就是为了培养人才存在的，是为人的发展服务的。一方面，在高校进行育人教育的时候需要坚持以人为本、将学生看作教育的中心，为学生营造一个良好的受教育环境。另一方面，因为高校的育人主体是学生，所以学生为了满足自身对于学习与发展的需要会向学校提出自身的要求并对某些方面提出整改建议，这是为了满足自身对于学习的需要。

二、服务育人的载体：我为人人

高校在进行服务育人的过程中需要注意坚持为人民服务、为中国共产党治国理政服务、为巩固和发展中国特色社会主义制度服务以及为深化改革与社会主义现代化建设服务。高校需要着重坚持为人民服务，坚定立德树人的根本任务。高校的根本任务就是服务育人，在校的各位教职工在进行教学工作或者是管理工作的时候，都是在为学生、学校与社会进行服务。对于服务工作者来说，要始终坚持高品质的服务，将服务作为出发点，将育人作为落脚点，最终实现服务育人。在进行教学的过程中，要坚持服务育人，并且需要将学生作为服务育人的重点，同时还需要时刻提升自身的教学质量，为学生带来高品质的教学服务。在进行管理的过程中，要始终坚持服务育人，坚持学校的管理原则，通过制度化与人性化的相互结合，实现管理中育人的效果。

三、服务育人的目标：人人成才

对于一个国家来说，教育占据着十分重要的位置，自从有学校以来，学校的工作就是为社会培养合适的人才，毕竟学校自身肩负着教书育人的使命。对于学校来说，最重要的事情就是教育。对于中国特色社会主义高校来说，服务育人的目标就是将所有入学的人都培养成才，这么做是为了培育出能够实现社会主义以及为了实现共产主义而不断努力的人。我国现阶段的高校教育必须要培养能够拥护中国共产党的领导以及我国社会主义制度、为社会主义事业奋斗终生的人才。在对大学生进行培养的过程中需要注意不仅要培养大学生的专业知识技能，还需要提升其思想道德素质。

第二节 高校服务育人的功能分析

一、品德育人

高校工作人员要端正服务态度做好品德育人。处于大学阶段的学生正是其价值观逐渐形成的关键时期，高校工作人员需要准确把握大学生价值取向形成的时期，毕竟这一时期的教育对于高校学生的成长与成才是十分重要的。对于高校教育工作者来说，仅仅给学生灌输课本中的内容是不够的。我们需要重点发挥服务育人作用，需要注意在日常生活中对学生价值观的建立进行引导。工作人员既是学生生活上的导师，还是学生道德上的引导者。这些工作人员在日常生活中所具备的亲和力与感召力能够帮助学生更好地获得归属感，由此在潜移默化中逐渐提升学生的道德素质。

"博学之，审问之，慎思之，明辨之，笃行之。"[①] 在高校中实行服务育人，相关的工作人员通过对自身的态度进行严格要求就能够帮助学生更好地获得情感态度的教育。需要注意的是，对学生的情感教育并不是一朝一夕就能够完成的，

---

① （元）陈澔注；金晓东校点. 礼记. 上海：上海古籍出版社，2016.11.

对于教育工作者来说，需要严格注意在日常生活中细节方面的教育。在对学生进行教育的时候，需要注意自身的着装问题，要保证干净整洁，言行方面要文明礼貌，通过温和的态度引导学生，最终提升学生的精神境界，帮助学生建立正确的价值取向。

二、管理规范

要想充分发挥管理规范的功能就需要将高校服务育人的制度作为载体运行，一般而言，服务工作者不只是服务者，还是管理者。在学校中工作的生活老师，这些人需要以身作则，为学生树立一个良好的榜样，不仅如此，还需要建立相对应的规章制度。对于高校中的工作人员来说，要严格按照高校确立的规章制度展开工作，这样可以帮助学生更好地规范自身的行为，从而形成遵守规则的意识。

基于服务育人的意识，高校的工作人员应当以身作则，严格遵守高校中的规章制度，因为高校中的育人工作种类繁多，相关工作人员应明确自己的职责范围，严格按照规章制度工作，而且高校还要对工作人员的各项工作进行评价监督，建立合适的考评制度，使得最终的工作实现专业化。

工作人员应当高效履行管理者的职责，面对高校中出现的各种突发情况做到沉着冷静地合理应对。基于服务育人的理念，高校中的工作人员不只是服务者与管理者，还承担着教育职责，对于这些人来说，在按照规章制度对学生进行教育的时候需要根据现场情况积极应对，不能够"一刀切"，需要通过合适的方式引导学生认识到自己的错误，使其主动改正。

在高校中工作的人员的种种行为都会起到潜移默化的教育作用，会对学生产生影响，所以对于高校工作人员来说，在日常工作中保持良好的作风能够对学生产生积极的影响。

三、环境熏陶

明代心学大师王阳明先生曾说："自然环境中也渗透着人际社会的伦理道德规范，与人内心的良知彼此照应。"[①] 毕竟一个良好的生活环境能够舒缓人的内心，帮助其养成健康的生活习惯，最终培养出良好的道德风尚。对于各大高校来说，不但要注重硬环境的建设，还需要注意软环境的建设。

---

① 赵华朋，魏战刚. 王阳明道德教育运行机制及其启示 [J]. 贵州社会科学，2005(03)：71-74.

一般情况下，硬环境建设指的就是日常生活中一些硬件设施的建设。对于硬环境的建设重在为学生创造一个良好的生活环境，愉悦身心。以高校食堂为例，建立一个干净的用餐环境能够使学生更放心地用餐，高校还需要注意菜品种类要多元化。若以高校的图书馆为例，高校需要为图书馆添置一些智能化的设施，通过这些设施能够帮助学生更好地借阅与归还书籍，而且还需要及时更新图书资源，确保现有的图书资源能够满足学生的学习需要。

软环境的建设是相对于硬环境的建设而言的，主要指的是教书育人中的良好氛围。就比如营造一个良好的学校风貌，充分体现出高校的文化底蕴。可以在餐厅中添加一些有现代气息的装饰物，也可以在图书馆中放置一些不同时代的图书，营造出古朴典雅的气氛。对于高校中的工作人员来说，还需要以身作则，严格要求自己，体现高校积极健康的精神风貌。由此就可以帮助学生严格要求自己，规范自身的行为，养成良好的团队意识与团队精神，有效激发大学生之间的凝聚力与向心力。

第三节　高校服务育人的现状分析

一、高校服务育人现存问题

（一）忽视学生主体地位

从事教学工作的教师过于偏重向学生讲授知识、传递信息，没有重视学生在学习中的主体地位。这种没有将学生看作教学中主体地位的现象在当今中国的各级学校的教学中十分普遍，庆幸的是，这种现象的弊端逐渐被高校教师所认识，并开始组织策略对其解决。在教学过程中，教师的工作不只是单纯地向学生传授各种专业知识，还应当通过自己的方法引导学生认识知识、了解知识。教师在教学过程中应当将所要讲解的知识放置在拟定的情境中，引导学生在答案与更加广泛的问题之间建立一种联系。对于教师与学生来说，师生之间应当是互相尊重的，学生在学习中应当享有一定的自主性。

要在高校的教育中确定学生在接受教育的活动中的主体地位，在之后的教学活动中，主导地位应当从教师逐渐转移到学生的身上，教师在教育活动中的作用应当逐渐转变为指导与服务。需要格外注意的是，这种转变会对教师的教学水平提出更高的要求。

在学生学习主体的身份确立之后，教学活动对于教师自身的知识储备、能力掌握程度、教学水平等都有着更高的要求。相较于之前的"填鸭式"教育，现阶段教师的教学应当充分发挥学习中学生的主动性与创造性，成功实现师生之间的相互成长与进步，更好地帮助学习主体的形成，最终培养出更为优秀的学生。但是，如果在教学中依然将教师作为绝对的主体，不只会打消学生的学习积极性，还会影响学校中学生学习主体的确立。

所以说，在教学过程中，教师确立自身的指导任务与服务意识就能够有效帮助教育实践更好地实现现代化。所以，只有不断地提升教师在素质方面的教育，将其放在重要的位置，并且严格执行，可以有效提升高校中教师与学生的整体素质。

（二）缺乏服务意识

现阶段的高等学校的各级管理人员与服务人员十分缺乏为教学服务、为学生服务的意识，这就会严重影响到之后的学校育人秩序的维持。现阶段很多学校还存在一些不合理或者不文明的现象，这都是因为现阶段高校管理人员与服务人员没有树立足够的责任心，工作不够积极认真，缺少服务意识。

这种没有良好服务意识的高校校园会严重影响学生的日常生活，甚至会严重影响高校教书育人策略的实施。造成以上问题的主要原因是现阶段学校各级工作人员对自己的工作职责尚不明确。甚至有很多行政工作人员认为自己需要做的仅仅是简单的行政工作，忽视自身的教育职责，由此导致自己在日常工作中不顾及自身的形象与言行，不能给学生做很好的表率。又或者是很多高校工作人员是教师的家属或者是高校的临时工等，根本不认为自己要为学生服务，更不用说会有良好的服务态度了。所以说，高校想要做好教书育人的工作就必须要对高校中各级工作人员进行职业道德的培训与提升。

总而言之，所有的高校工作人员都必须要积极履行自身的职能，实现为学生服务、为社会服务的目标，这就需要积极提高全体教职工的整体素质，摒弃以往教书育人的传统观念，引导与鼓励教师将学习中的学生作为教学工作的主体，自身只起到指导的作用，对学校的教育水平、师资力量、教学设施等进行升级换代，保证学生能够舒畅身心。

二、高校服务育人现存问题的原因分析

（一）公益性与盈利性存在矛盾

现阶段，高校需要对自身后勤工作不断进行社会化改革，随着改革的深入，高校作为服务育人的行政机构不再拥有高校单方面进行主导的管控系统，最终出现了行政化与市场化，公益性与盈利性之间的矛盾，这些矛盾严重影响着高校服务育人职能的发挥。高校在建立之初就拥有着公益性的性质，这就使得高校中的工作人员一切都以学生的合理需求为中心，积极为其解决生活与学习上的困难，与此同时，这些工作人员还肩负着育人的职能，这就体现出高校为学生服务的公益属性。但是从另一方面来说，高校在进行社会化改革的时候会要求相关工作人员要面向市场，要提供有偿服务，但是需要注意的是，社会化改革有一个弊端，就是经历过社会化改革的高校中的一些职能部门会在此过程中过于重视效益与经济，逐渐忽视公益与育人。甚至还会出现一些工作者将自身的工作简单地看作谋生的手段，只将薪水作为衡量自身工作效果的标准，由此就会导致之后的教育工作者不再将自身的热情与心血投入其中，从而难以发挥教育中立德树人的教育功能。

（二）管理机制未能与时俱进

高校服务育人中的工作人员受传统观念的影响，严重忽视服务育人对于学生的重要性，在经历自上而下的改革之后就会疲于应对自己的工作，自身并没有足够的主动性与动力。相关工作人员在经历改革之后依然对服务育人相关的培训不够重视，对于自身的服务育人的工作难以应对，在这些问题的影响下，最终导致服务育人的功能发挥不到位。

但是需要注意的是，管理机制在现阶段并不能与时俱进地体现出以下两个方面。首先是工作人员并没有对当代大学生需要的服务进行了解与认识，在制定相关规章制度的时候没有对学生的培养目标与方向进行了解。其次是现阶段部分高校对于相关工作人员的要求不够合理。据调查，高校管理机构所制定的培训机制尚不健全，对于工作人员的培训内容依旧是比较空洞且单一，这些培训内容已经

难以适应现阶段高速发展的社会，所以说，我们需要及时制定相应的与学生未来发展相关的高校管理机制，毕竟这一机制的建立对于高校的育人功能有着十分积极的意义。

（三）高校后勤机构经费制约

在现阶段，高校不断优化现有的师资队伍结构，不断引入与教育相关的高端人才，而且校内的师生对于自身的周围环境质量、生活质量等有着较高的要求，这些就导致高校面对着极为严峻的压力，其中最为致命的一个问题就是高校用于发展的资金不足。

一般而言，只有足够的资金支持才能够实现高校现有机构硬件设备的配置与升级，才能够营造愉悦广大师生身心的生活环境。高效工作是高等教育事业中不可抛弃的一部分，其自身有着基础性与保障性的作用。需要明确的是，在高校校园中存在的与教书育人相关的基础设施与建筑等十分庞杂，如果要实现对应的改善、升级，则需要耗费极为庞大的资金，但是对于高校来说，资金不足是一个十分难以解决的问题，这也是现阶段高校服务育人所面临的十分重要的问题。

（四）尚未建立完善的劳动教育机制

通过对那些还没有建立完善的劳动教育机制而言，其自身并没有一个切实可行的方式方法。经过对现阶段推行的劳动教育而言，方式单一，最终的教育效果也不尽如人意，这些问题亟待改善，非常需要及时拓展高效的可以用于劳动教育的方式方法。

现阶段的劳动教育并没有建立一个切实可行的制度体系，最终会难以调动工作人员的工作积极性。所以说，在之后应当对劳动教育的奖惩机制进行合理的完善与落实。

劳动教育就是无根浮萍，并没有一个牢固的载体使其可以依托推行。在现阶段的思想政治教育中依旧坚持讲授思想政治理论课程，并没有足够重视除此之外的教学形式。高校并没有为劳动教育设置相应学分，没有建立合适的劳动教育实践基地，没有为校外劳动建立合适的安全保障，这就使得相关学生缺乏劳动积极性。总而言之，高校劳动教育体系的不健全就会导致高校劳动教育的功能难以施展。

第四节 高校服务育人的路径优化

近年来，高校学生事务管理工作的内涵多种多样。现代社会上对于高校人才的综合素质有着十分高的要求，这就使得高校在进行学生事务管理的过程中应建立合适的服务育人的体系，要始终坚守服务育人的理念，以确保可以满足学生在成长成才中的各种需要，只有这样，才能以饱满的姿态来面对接下来的机遇与挑战。

高校应当注意将学生作为教育中的根本，严格实行服务育人的理念。在高校的相关部门进行服务的过程中，严格以学生为主体，尊重学生的个性以及各种合理诉求，将使学生成才作为服务教育的第一目标，积极为学生解决各种困难，完善自身服务育人的相关体制与措施，将服务育人的理念严格落实到实际工作中去。

一、立德树人，为学生提供高品质、全方位的思想政治教育服务

对于在高校中教书育人的思想政治理论课的教师来说，在教学工作中不只要提高自身的道德修养，还需要彻底改变以往教学的固有习惯，抛弃之前的教育方式，真正融入学生中去，最终实现言传身教的效果。

新时代高校教师要落实立德树人根本任务，做好高校服务育人工作，就必须从提高站位、聚焦主业、注重过程、增强本领、恪守规矩等五方面着手。

（一）提升服务育人工作境界

高校教师大多在一线、在基层，教师的思想境界、言谈举止会对他们的学生产生深刻的影响。教师的思想境界在一定程度上影响着学生的思想境界，决定着教师开展工作的格局和高度。

在日常工作中秉承视学生为亲人的工作要求，对待学生态度要热情，行为要规范，服务要到位。弘扬主旋律，传播正能量，引导学生立鸿鹄志，做学生信任的、给学生温暖的教师。同时，要虚心听取其他师生意见，如教师要通过多种渠道收集同学们的建议和意见，让同学们及时反馈，畅通渠道，与学生共同成长。

（二）抓住服务育人工作重点

教师要聚焦解决学生的思想问题和实际困难。把服务的重点和难点放在学生关注的焦点上。学生关注什么，哪些方面需要引导、帮助，教师就应该把工作的重点放在什么地方。要在解决学生实际问题的时候善于发现、了解、把握思想问题，善于通过解决学生实际困难赢得学生信任，从而为解决思想问题奠定基础。

面对新形势下大学生思想政治教育的新特点，要不断强化自身服务育人意识，用真诚换取真诚，用尊重换取理解，走进学生的内心世界，用社会主义核心价值观引领思想，做学生的良师益友。同时，要真正地把学生的小事、困难事当作自己的大事，敢于积极应对，努力妥善解决，对于学习吃力、经济困难、心理有偏差的学生要加倍地关心、帮助，把为学生排忧解难当作自己的工作。

（三）夯实服务育人工作基础

为党育人、为国育才，积极探索服务育人新举措重点在于抓好学生的过程教育、培养与管理。教师要把社会主义核心价值观融入服务育人工作的全过程。学生的成长成才不是一朝一夕就能够实现的，教师服务育人工作也不可能立竿见影。因此，教师需要把自身日常学生事务的管理、服务工作与学生成长成才的需要结合起来，在思想引领、学业指导、就业帮扶等过程中充分发挥教师服务育人的功能。从抓好新生入学适应性教育开始，努力构建分阶段、分年级、有重点、多层次的服务育人体系，做好学生毕业离校教育与校友联络服务的衔接工作，真正把关心服务在校学生就是在关心服务未来的校友，而关心、服务校友实际上是将继续关心、服务过去学生的工作理念和要求落到实处。

（四）保障服务育人工作水平

作为教师，要不断强化自身的专业化、职业化能力。要把教师自身专业化、职业化能力的提高作为高校服务育人工作水平提升的重要途径。具体来讲，教师要继续解放思想，更新教育理念，改进工作方式，熟练掌握职业技能，刻苦钻研本职业务，勤思善学，努力提升服务育人本领。

同时，教师要利用学校为相关教师创造进修的机会不断充实自己，提升自身的素质能力，要通过走出去的方式开阔眼界、增长见识。此外，教师要积极参加各级、各类教师技能大赛，以赛促学、以赛促建，加强相关理论知识的储备，提升理论宣讲水平。

（五）把握服务育人工作底线

"欲知平直，则必准绳；欲知方圆，则必规矩。"[①] 能不能守纪律、讲规矩、重底线是检验教师服务育人工作的试金石。教师作为服务育人工作的主体，在面对服务育人工作对象的过程中，涉及学生评奖评优、党员发展、学生干部选拔等方方面面的事项。这些事项无不牵涉学生的切身利益，影响学生的成长进步。教师只有心中明明白白，脚下踏踏实实，牢记纪律和规矩，阳光开放，公平公正，才不会走岔路、走偏方向。此外，教师守规矩更得讲良心，守住道德底线。教师需要真正地把自己当作服务学生的主体，同时把学生当作与自己平等对话、有个性权利的主体，在规矩之内换位思考，以理服人。

二、提升教师的业务能力，为学生提供优质的教学服务

现代社会学生能够通过各种渠道了解自己感兴趣的知识，而且获取知识的速度十分快。这就导致了很多教师因为没有出众的口才或者吸引人的教学内容而无法调动学生的学习积极性。并且，现在的学生需要教师能够做到言之有物，而不是照本宣科。

所以说，现阶段的教师必须时刻保持刻苦学习的状态，不断丰富自身的专业知识，提升自己的专业技能，完善自身的知识架构，在之后通过与多媒体技术的结合，提高教学活动的质量。

三、弘扬优良校风，提供良好的环境服务

校园文化能够在润物细无声中实现自己的育人功能，通过校园文化中的各种科学精神、人文关怀为学生带来思想文化的洗礼，最终帮助学生形成正确的三观。人的自身发展与周围环境有着十分密切的关系，高校的各种硬件设施与软件设施应共同为学生创造绿色、文明、和谐的校园环境。

对于新时代的高校育人工作来说，服务育人是重中之重。对于服务育人来说，服务是育人的根本，作用于育人中的每个方面。高校服务育人的工作中需要时刻

---

① （战国）吕不韦编纂；林宇宸主编．吕氏春秋［M］．桂林：漓江出版社，2018.09.

注意对服务育人的理念进行强化，对其成效进行增强，最终开展服务育人的风尚，凝聚育人合力，为培养全素质人才做出积极贡献。

四、创新院校学生事务服务中心临时党支部服务育人的工作机制

高校基层党组织建设的主要任务是加强服务育人功能，学生事务中心是"一站式"学生服务基地。通过在高校学生事务服务中心设置临时党支部，使党支部的政治核心作用得到充分发挥，服务育人功能得到充分体现。

（一）以党建为引领，坚持党对学校一切工作的领导

在实行服务育人的过程中，需要时刻注意坚持党的领导，确保把习近平新时代中国特色社会主义思想贯穿于整个育人服务中，最终实现全员育人、全程育人、全方位育人。服务育人中的工作人员应当注意积极引导学生培养自身的道德素质，成为新时代的社会主义接班人。在新时代，服务育人理念应当紧跟时代发展，积极为学生提供优秀的服务，帮助学生认识到自身的历史责任与使命，为国家的发展而奋斗。

（二）建立学生事务服务中心党建工作与服务育人的协调机制

伴随着时代的发展，应当时刻注意不断提升各院校对于党建工作与服务育人的认识与理解，通过对这两者的内在联系与逻辑关系进行研究，从而建立合适的党建与服务育人的工作协调机制。之后还需要对全体教职工与学生的思想进行统一并达成共识，最终建立一个健全的党建与服务育人协调机制。要始终坚持党对学校一切工作的领导，要坚持将各种育人目标进行联合、将各级管理部门进行统一协调，最终建立一个各种资源优化配置的育人体系。

需要十分注意学生事务服务中心办事人员与党建工作队伍之中的联系机制，可以通过开展各种各样的活动实现党建与服务育人队伍的高度融合。在学生事务服务中心设置临时党支部工作，在不时开展支部活动之后将各种业务培训融入党建工作中，从而使高校的育人队伍、育人对象、育人方式走向融合统一，为之后的服务育人工作提供组织保障。

（三）以创新为引领，拓展服务育人手段

如今，高校服务育人面临着各种各样的机遇与挑战，随着互联网技术的不断

发展，各种问题与要求层出不穷，高校服务育人也需要随着时代的变化而不断改革创新。所以说，现在的各个高校工作人员不只要学习政治理论知识，还需要深入学生群体当中，通过调研对其进行深入了解，最终实现将高校的服务育人推向时代前列的目标。

（1）可以通过各种各样的党建活动，在活动中提升相关工作人员政治理论知识储备，提高其党性修养，增强服务意识，通过对学生进行深入了解，对症下药，引起学生的共鸣，最终对其施加影响。引导学生积极主动地学习与党相关的理论知识，最终帮助学生确立正确的价值观。

（2）需要牢牢把握新时代的特点，根据学生的爱好与需求为其打造个性化的服务，在服务中心深化服务育人的功能，最终潜移默化地引导学生践行社会主义核心价值观，有效地推进服务育人工作。

（3）要做好资助育人的工作就需要将帮扶工作进行升级，在进行该项工作的时候开展思想政治教育工作，培养且增强贫困学生的脱贫意识，实现助学与脱贫的精准结合，充分发挥出资助育人的功能。

（4）在信息快速发展的今天，可以通过互联网进行各种形式的服务工作，在网络平台上通过对学生开展各种各样的服务从而得到学生的喜爱，这样就能够发挥网络育人的功能，创造以学生为主体的人文环境。

（四）整合各部门、各岗位，创建服务育人合力机制

高校的根本任务就是立德树人，全体教职工都会为了这一根本任务各尽其能，需要注意的是，完成这一任务的前提与保障是服务育人。所以说，必须由全校师生共同努力，创造出合适的服务教育机制。

第一点，要建立起一个能够实现各职能所在支部都可以对临时支部进行帮扶的机制。通过对职能部门承担各种业务的分析可以发现，能够将其按照一对一支部的方式进行结对帮扶。

第二点，需要建立一个协同育人的机制。建立协同育人的机制能够对学校的各种资源进行整合，为之后的服务育人提供良好的保障。除此之外，还可以促使不同的工作人员、全体教职工之间进行交流与沟通，通过寻找一个合适的服务路径去解决遇到的各种新型业务与需要特别服务的问题。

（五）建立健全师生融合发展机制

通过在学生事务服务中心设置临时党支部能够帮助师生实现个人全面发展的价值追求。这么做一方面可以使工作人员的考评机制更加健全，还可以通过相关的调查问卷将各种信息反馈给对应的工作人员，使其在限定的时间内改正自身的错误行为。另一方面可以通过合适的奖惩机制鼓励工作人员，调动工作人员的工作积极性。

第三章　高校三全育人机制——文化育人

本章为高校三全育人机制——文化育人，主要介绍了四个方面的内容，依次是高校文化育人的相关概念、高校文化育人的要素构成、高校文化育人的现状分析、高校文化育人的构建路径。

第一节　高校文化育人的相关概念

一、校园文化

在最开始的时候，校园文化概念是由学生们提出来的。在 20 世纪 70 年代末期，青年们开始寻找振兴校园文化的议题，由此在校园中出现了各种各样的社团、协会或者是文化活动，由此掀起了全国范围内校园文化活动的高潮，在之后的学生代表大会上，已开始对推动校园文化建设做出积极讨论，并在之后的各个大学校园中开展了校园文化建设月等活动。

有学者对校园文化进行了狭义上的定义，认为其是校园精神艺术活动或者是课外活动；另外一些学者对校园文化广义的定义为，校园文化是在学校实践过程中的一切物质财富与精神财富的总和。在之后不断地研究中，研究者们将学校中的方方面面都归入校园文化，这就导致现有的校园文化的提法已经不能满足研究的需要，为了方便研究，研究者们提出了一个学校文化的概念用来研究校园文化的发展。

二、高校文化

学校文化是对校园文化的丰富与升华，高校文化拥有与校园文化不同的内涵。在众多的研究成果中，部分研究者认为学校文化是指一所学校中形成的可以被其他成员遵守的共同理想、价值体系与行为准则的总和；但是还有一些研究者认为，学校文化是由全体学生与教职工所共同创造并经过时间积淀之后被众人所遵循的办学理想、价值观念、行为规范、规章制度、学校作风与传统的总和，还包含着上面提到的各种行为方式与物质载体。

学校文化有着自身的核心，指的是围绕学校在长期发展中逐渐形成的价值观。在现实生活中，学校可以按照发展阶段进行划分，分别是幼儿园、小学、初中、高中、高校。需要注意的是，高校文化也是学校文化的一种，通过对高校的特征与学校文化的本质进行结合能够发现，高校文化就是指在高校的发展过程中为了追求实现育人目标而不断创造与形成的各种文化形式与观念的形态的总和。将高校文化按照内在构成进行划分，可以从内到外地分为精神文化、制度文化、物质文化、行为文化。

三、文化育人

如果要在高校中实行文化育人的政策就必须要对文化育人的基本内容进行了解，一般而言，文化育人中的文化就是指文化人，从而培养人才，在这期间还需要注重文化的传承与创新。

一般而言，对文化育人的内涵进行一个准确的定义是比较难的事情，但是这是研究的基础，所以这项研究有着紧迫性。在对文化育人进行研究的时候需要对其内容、性质、机制等因素进行一个细致的了解与认识，最终使得对其的内涵研究更加成熟与确定。

文化育人是将文化这一整体贯穿于整个教育过程中，通过文化这一有机整体最终实现育人的目的。还需要注意文化的传承与创新，在进行文化育人的过程中，要时刻注意文化对人的积极影响与培育作用。

一般情况下，文化机制更多的是涉及高校文化育人的实施问题，文化育人比较关注文化的内化作用，所以说在高校进行文化育人机制的问题上，不只是要注重在文化育人的过程中实现文化整体价值的贯穿，而且还需要将教师作为主体进行外在文化的教化。除此之外还需要注重文化自觉，为最终实现文化的传承与创新而努力，最终提高学生的整体素质、提高人才培养的质量、实现人的全面发展。

四、文化素质教育

在合适的社会历史背景之下，文化素质教育得以提出。第一，世界经济全球化与我国的经济社会转型都对高等教育提出了文化素质教育的要求；第二点是在现阶段，高等教育与科学教育、人文教育之间有着发展不协调的问题，这就十分影响对全能人才的培养，不符合社会发展的要求；第三，在中国的传统教育中过于重视知识技能而忽视人文素质的培养，发展到今日，已经有了难以掩盖的弊端，这些问题十分影响我国现代高等教育的发展与大学生的成长。所以说，因为这些原因，文化素质教育开始出现。

文化素质教育的推行是为了培养具有强烈民族精神、社会责任感与历史使命感的人才，与此同时还需要培养这些人才的文化品位、审美情趣、人文素质、科学素质。通过知识传授、环境熏陶、实践体验的方式将过往中人类的各种优秀的文化成果内化为个体的内在品质，有效促进学生素质的综合发展。

第二节　高校文化育人的要素构成

一、历史性要素

一般而言，历史性要素指的是客观事物的本身，与此同时还包含着这些事物或者现象的发展过程。对于高校的文化育人工作而言，首先需要从唯物主义的角度对这些要素进行掌握。毕竟，一个文化的生命源头主要来自一个民族的主体性实践，"唯有民族文化才是最经得起时间考验的精神力量。"[①]还需要注意的是，在现实生活中，高校实现文化育人的养料就是其来自该学校在过去的文化历史的积淀。要想对历史性要素进行挖掘可以从中华传统优秀文化与高校自身的历史与精神入手。

---

① 余英时.中国思想传统的现代诠释 [M].南京：江苏人民出版社，2003.08.

二、环境要素

提高教育的质量，能够有效增强高等教育的生命力。外在环境对于人的影响是潜移默化的，所以近年来许多高校都开始积极改善校园的物质环境，重视外部环境的积极作用。

（一）物质环境

一般情况下，高校的物质环境指的是校园内部的物化空间，是受教育者能够切身感受到的。随着时代的发展，高校开始积极且主动地营造具有自身特色的校园物质文化环境与文化景观。

随着相关部门资金的投入，很多学校营造了具有自身特色的环境，如亭台楼宇、花木雕塑等，都富含自身的文化印记，使得学生能够在其中感受到自然之美与人文之美。

（二）地域环境

高校自身所处的地域环境与物质环境相比就是外部要素，这里一般是指高校所在地的文化氛围，它在一定程度上会对学校之后的方针与政策的制定与实施产生影响。高校自身的地域环境与物质环境能够影响到学生的择校意愿，对于学校来说，学生的择校结果是无法改变的事实，但是对于学生来说，这是主动的行为，学校的地域环境是学生做出选择决定的影响因素。所以说，一些处于特定地域文化环境中的高校可以将当地具有特色的文化意蕴转化为自身的优势，积极开展文化育人工作。

三、主体性要素

在进行育人的过程中，主体要素包含在学生对于学习展现出的积极主动的态度，以及对于文化选择的、接收与创造。学生在性格、兴趣爱好等方面的不同会导致高校的文化育人的作用在发挥时会产生一定程度上的差异。在进行文化育人的过程中，学生自身的主体性一般表现为学生学习与行为方式的主动性、选择性、创造性。研究发现，对于学生影响最大的是周围的同学与授课的教师，这也说明这两者在文化育人方面的重要作用。

（一）教师、校友和同学（朋辈）

在高校的文化育人活动中，师资队伍建设是极为重要的内容，因为教学是通过教师进行知识传递的。所以在文化育人活动中，首先需要重视教师的付出，明确教师在文化育人工作中的任务与使命。另一方面需要格外关注学习者周围的同学或朋辈的影响，毕竟同专业、同学校的学生就业时间比较集中，可以互相提供帮助。所以各院校应当积极主动地运用校友的力量，因为这股力量在传播企业文化、分享人生经验、促进创新创业方面有着神奇的功效。

高校的教师承担着传递知识、教书育人的使命，他们可以通过课堂教学或者其他的方式对学生进行教育，对学生的学习与未来发展发挥引导的作用。同学之间相互鼓励可以对学习起到积极的作用，但是需要注意，有些时候也会出现不良的从众现象。

（二）学生个人的志趣爱好

对于学生来说，大学生活是十分宽松且自由的，没有了以往繁重的课业压力，所以教育工作者就需要在学生的学习之余为学生做好引导，使大学生能够培养自身的兴趣与爱好，有效激发学生的潜能与创造能力。

对于学生来说，在大学这样一个宽松的氛围下，可以根据自身的爱好激发自身的才情，这就是另外一种文化育人的主体要素。如果从心理学层面上进行研究，就可以发现，兴趣也是一种心理，在大学中开展的一些学生的社团能够有效地引导、锻炼学生的心理，最终为其提供展示自己才华的渠道。

高校文化育人不只要关注学生的兴趣爱好、保护学生的个性，给予其足够的发展空间，还要重视社团建设。在高校的教学改革中还可以使用慕课与翻转课堂，这些教学方式也是高度重视学生主体性的表现。

四、开放性要素

校企合作能够帮助院校提高自身的办学质量，毕竟，让高校逐渐与社会需求进行紧密结合已经是社会各界的共识。随着互联网的迅猛发展，高校育人的综合性在不断增强，文化育人也开始包含更多的开放性元素。

（一）行业企业文化

许多行业企业文化的加入是现在高等院校文化育人与其他的高等教育形式有区别的一个方面，主要体现在对育人过程与育人内容的选择上。为保证就业以及与其他院校进行区分，院校会在自身的教学中融入行业企业文化，需注意，行业企业文化与企业文化是不相同的，行业企业文化经过了加工，在一定程度上有所扬弃，从而最终呈现出企业精神与教育理念结合的效果。

高校办学的最终目的是培养人才，为社会输出需要的人才。所以在高等院校育人文化的建设中最不能缺少的就是与行业企业文化进行融合。将企业文化与精神融入校园的文化建设中从而有效帮助学生更好地在毕业之后融入职场。

（二）社会流行文化

现在的社会流行文化对学生来说有着十分巨大的影响力，甚至会有大学生因为互联网中传播的一些信息而变得狂热，做出难以自抑的行为，这是因为流行文化能够对青少年学生带来感召与煽动作用。虽然高校的院墙会隔绝外界的时尚潮流，但是因为互联网就在学生身边，所以出现难以遏制的追捧热潮。

教育工作者自身首先需要保持足够的自信，然后以此为基础，对现在流行的时尚进行研究，分析它的审美价值，将其与大学生的种种心理进行结合，最终形成一道高校中崭新的、独特的、有着十足说服力的文化育人风景。所以说，只要保持自信，通过更有深度与广度的文化涵养解释社会流行的时尚，在对其进行更有效、正确引导的前提下实现新形式的高校文化育人工作，会有意想不到的效果出现。

（三）外来文化

现如今的世界正处于飞速发展、不断变化的时期，中国的发展与世界的发展有着难以分割的联系，我国通过"一带一路"的倡议不断对外开放，积极推动构建人类命运共同体。而且，伴随着我国的经济、政治、文化等方面的不断发展，外来的文化正在通过多种多样的方式影响着我国大学生的兴趣取向与文化诉求。在全球化的今天，外来文化与本地文化在国内各个领域不断地进行激烈碰撞，这样不仅有助于大学生视野的开拓，而且还能促进国内的思想价值多元化的发展，不止如此，还能够有效激发大学生实现自我的渴望与诉求，从而树立竞争与创新

的意识。但是还需要注意的是，还有一些外来文化使得大学生对本土文化产生了轻视的心理，由此导致思想价值观的取向在一定程度上出现了偏差。

所以说，现阶段高等院校文化育人可以分为四种要素，分别是信仰（beliefs）、价值观（values）、符号（symbols）、规范和法令（norms and sanctions）、技术（technology）和语言（language）。

总的来说，文化自觉已经在高等院校中逐渐形成了，现阶段文化育人的重要程度已经超越了之前的知识育人，文化育人成为各高等院校内涵建设的重要内容与可持续发展的客观要求。但是需要注意的是，现阶段很多高校对于文化育人的要素的把握仍然有着一些偏差，比如对于历史性要素就比较缺少认同，也缺乏提炼，又或者是对环境性要素的把握有些操之过急等等，这就会导致文化育人的路径选择与方法取舍出现一定程度上的偏差与不足，最终使得育人效果流于表面，难以深入。

在进行教育的过程中，高等院校应当时刻谨记为国家培养全面发展的人才，对我国的文化中所蕴含的各种精神价值等信息加以深刻体会与研究，并对研究结果进行合理的教学配置，通过使用院校文化机构所拥有的各种育人要素进行设计建造，营造出一个极具魅力的高校文化，成功打造出一个高品质的现代职业教育生态共同体。

第三节　高校文化育人的现状分析

在高校中，文化通过文化育人的工作得以良好地传承和创新。高校进行文化育人主要是运用文化引导学生的价值观，丰富学生的情感世界，改善学生的精神面貌，让学生的品格得到良好塑造，品德修养得到良好的完善，人生价值和精神世界得到良好的升华。

但是，任何事物在发展过程中都会受到特定历史条件的限制，都会在发展中不断地进行完善。高校文化育人思想与实践的发展也同样如此。随着改革开放后社会的不断发展，人们逐渐意识到文化的重要性，我国高校也开始在人才培养的过程中强调文化手段，让文化育人的工作得到很好的发展，但是在发展过程中，难免会受到其他各种因素的影响，因此，也存在一些不能忽视的问题。

一、高校文化育人现存问题

目前，市场经济的发展带动了国家和社会的发展，但是，市场经济所带来的影响不只是积极的，还有一些是消极的。市场经济为高校带来了一定的消极影响，高校教育主体的使命发生了偏移，也出现了官场化、市场化、急功近利等现象，这样的不良现象严重影响了大学生生活和学习，导致大学生无法将全部的精力放在学习上，严重缺乏学习的积极性和自主性，道德上也频频出现失范的现象，这种不良现象的存在不仅能够反映出高校文化育人的种种问题，还能反映出社会存在的问题。

（一）文化育人实践较难落到实处

在社会大环境的影响下，部分大学存在着实用化的导向，如在办学过程中盲目地追求大规模；在科研上投入大量的资金，盲目地追求科研成果的数量，而不要求质量；片面地追求好的硬件设施，盲目地运用新的工作形式，而不考虑学校自身的实际情况；盲目地适应市场需求，开设一些实用性的专业和一些时髦的专业；等等。这些功利主义和实用主义的行为在很大程度上对大学生的文化品质产生了消极作用，无法将大学生身上的个性发挥出来，从而对大学生的发展产生了消极影响。

这种带有功利性质的育人活动主要是通过各种报表材料和工作汇报来体现的，也就是只停留在纸面上。对学生来说，并不能在心灵上感受到陶冶、启迪，反而在功利主义的负面影响下，会形成一种浮躁的心理，从而形成不好的行为习惯，如参加各种活动只是为了获得相应的学分，而不是为了自身的成长；当学生干部只是为了给自己的就业增加砝码，而不是为了锻炼自己。对于高校来说，这样的育人活动不仅没有发挥人才培养应有的功效，反而严重阻碍了对大学人才的培养。

（二）整体育人的合力不足

文化在潜移默化中对人产生影响，这种影响是显而易见的。文化育人充分利用了文化的渗透作用。从育人模式层面上看，文化育人是进行素质教育的一种非常必要的模式。它强调"各门科学知识的综合，各门科学理论和方法的相互渗透、相互联系和作用"[①]，对教育的交叉性、科学性、人文性进行了融合，通过教育的手段将知识、文化与人格联结起来。从育人的过程上分析，文化育人的过程是将客体存在的文化内化到个体的精神上，从而丰富个体的精神世界。这对高校文化育人提出了要求，就是需要将科学与人文的融合作为文化育人工作的重点，内化文化知识。这项工作具有一定的系统性，需要文化育人实践积极配合。

在大学校园中，大学文化能够为校园营造一种精神氛围。学校要想将这个精神家园建设好，需要做到以下两点：一是，对外要将学校与家庭、社会之间的协同作用充分发挥出来，让它们形成教育合力，让学生的精神世界变得更加积极向上，让学生在良好的文化氛围中学习和生活；二是，对内需要将教学、科研、管理、服务紧密地结合，发挥他们之间的系统作用，融合教学、科研、管理、服务工作与校园文化环境建设，从而形成教书育人、管理育人、服务育人三者的合力。这样的内外结合，才能形成真正的合力，从而达到文化共振的效果。

文化的概念是非常广泛的，涉及学校工作的方方面面，大学校园中的人或者组织与文化之间都存在着密切的联系，都不能脱离文化而单独存在。在文化育人实践的过程中，各大高校虽然都积极开展校园文化建设，但是学校领导和部门之间分明的界线以及职责分工明确在一定程度上对文化育人起到了限制的作用，没有一个领导和主要组织来统筹和系统建设文化育人工作。

这就很容易造成各部门和各岗位工作人员按照自己的工作职责各自为政，使文化育人活动的实施过于发散，从而在大学生中无法形成一种文化合力，也不能让大学生很好地内化文化。在实际教学过程中，理论课程与实践课程没有很好地结合，文化知识教育和文化环境渲染之间也没有紧密地联系，除此之外，科学教育与人文教育之间，学校教育与家庭教育、社会影响之间也没有进行紧密的结合，这样非常不利于文化育人工作的组织和开展，也不利于学生的良好发展。

（三）理论与实践脱节现象明显

对大学生实施素质教育、开展文化育人活动的目的是提高大学生对文化的认知，让文化价值观念在大学生身上得到很好的内化，提高大学生思想上和行动上的积极主动性，从而让大学生的认知和行为形成良好的统一。在新时代背景下，

① 章竞，何祖健. 从"知识育人"到"文化育人"——整体论视野中的大学素质教育 [J]. 高等教育研究，2008（11）：9-13.

社会需要对人们进行社会主义核心价值观的培育，文化育人的实施要与社会主义核心价值观教育结合起来，在大学生思想政治教育和学习生活中融入社会主义先进文化，从而让学生在方方面面的文化渲染中逐渐形成自己的文化认知和良好的文化行为习惯。在高校文化育人的具体实践中，理论与实践相脱节的现象还是非常明显的。

1.大学文化建设中理论与实践相脱节

在对大学生进行文化育人的过程中，加强文化建设、推动文化内化，对大学生的认知和行为的内在统一有着至关重要的作用，当然，这也是文化育人工作的重要环节。但是，部分高校的文化建设没有创新，仅仅开展了一些文化活动，创造了一些精神产品，其中文化活动包含文化节、艺术节的组织和开展，精神产品也仅限于博物馆、校史馆、校歌、校训等。

2.与学生实际发展相脱节

文化育人中存在着很多与学生发展实践相脱节的现象，如育"知"多、育"行"少，高标准的育"知"与学生发展实践相脱节。高校学生在学习和生活中，需要把塑造社会主义理想人格作为自己的高标准，以此为基础获得一定的文化认知。但是在这个过程中，一些环节不仅脱离了学生发展的实际，还与现实的发展需求相背离，从而对学生的"知""行"统一产生不利影响；在这个过程中，所运用的育人方法可能并不被学生所喜爱和接受。

3.学校教育与生活实践相脱节

学校教育和社会生活不同程度地会对大学生产生影响，在学校教育中，大学生能够成为有理想、有道德、有文化、有纪律的"四有"新人，但是在社会不良风气的影响下，又很难避免个人主义、享乐主义、拜金主义等的侵蚀，这对学校教育造成了很大的影响，严重影响学校教育的实践，也会影响学生的发展，让他们形成错误认知，从而在心理上对学校教育造成阻碍。

学校教育的育人效果在很大程度上受到这些教育问题的影响。主要体现为学生的文化认知脱离文化实践，他们明明知道先公后私，但是做的时候却是相反的；对于义和利，他们明明知道应该"重义轻利"，但是在真正做的时候，通常追求利益；对于文明与否，他们心中明明知道应该文明守信，但是在现实生活和校园中，不文明的现象和违纪现象常常出现。对大学生最基本的要求就是他们应该做到"知行合一"。大学生文化认知与文化实践相脱节,是文化育人中存在的一个突出问题。

(四)文化育人媒介使用单一

高校在开展文化育人的过程中,一定的媒介能够为其提供支持,也能对其进行传播。目前,传统媒介载体的单一化正在发生改变,逐渐向多元化发展;除此之外,传播媒介载体的纸质化也在发生改变,逐渐向电子化发展,如影音视频、书籍报刊、互联网、移动设备、社交软件等。这些现代传播媒介不仅推动着文化的传播和流行,还对高校文化育人工作起到了积极的促进作用。由于媒介载体的发展,越来越多的人使用着媒介载体,从而为文化育人工作的实施提供了很大的便利,这是非常值得肯定的,但是也出现了一些不可避免的问题,如所使用的媒介比较单一,在文化育人工作开展的过程中,实施主体如果习惯使用一种媒介,就会对这种媒介形成非常强的依赖性,非常不利于教育主体的创新。

社会在发展,科技也在不断进步,相应的媒介载体在不断地更新,而使用媒介的方法也越来越先进。高校在使用一种新型媒介的过程中,往往出现教职员工不会使用、维护和管理新兴媒介的现象,这对文化育人工作的开展是非常不利的。尽管高校在这方面提供了相应的培训,但是新型媒介往往是比较先进和复杂的,具体的操作流程也非常烦琐,因此高校教师往往对于这种操作难的新媒介载体则很少使用。

媒介载体有很多种,根据使用地点的不同,可以分为校园媒介、社会媒介、家庭媒介等类型,而且这些类型彼此之间没有联系,是比较分散的。对于社会媒介来说,并没有为社会渲染太浓厚的文化育人氛围,这方面仍然需要加强。我们在使用社会媒介时,要坚决遵守社会主义核心价值观,二者之间没有实现很好的融合。校园媒介没有在高校理论和实践教育中得到很好的使用,并且缺乏一定的创新,因此,校园媒介在使用和创新上仍然有待加强。要想充分发挥高校文化育人的育人功能,校园媒介要不断地加强大学生理论教育,在实践引导方面也要进行提高。家庭媒介对文化育人活动的持续性没有发挥出应有的积极作用,家训、家风在一定程度上出现了断层,在文化育人的过程中,父母并没有以身作则,也没有发挥应有的榜样作用。无论是社会媒介,还是学校媒介和家庭媒介,在一定程度上都对文化育人工作的开展造成了影响。

目前，实体媒介仍然在高校广泛使用，实体媒介包含影音视频、书籍报刊等，这些实体媒介在学校文化育人工作中承担着主要角色，但是这些实体媒介的设备老化严重，并且长时间没有进行过维修，缺乏生机和活力，很难让文化育人达到生动活泼的效果。随着时代的发展和虚拟媒介的不断发展，应该充分利用互联网技术和大数据技术来传播和影响文化育人的实施。在使用互联网、大数据、媒体软件的过程中，需要不断加强和培训这些媒介载体的应用、维修、管理等，让学校教师和相关工作人员能够熟练使用和操作这些虚拟媒介，从而对高校育人工作的开展发挥出积极的促进作用。除此之外，虚拟媒介的网络环境在安全性上存在一定的问题，没有良好的规范性，不仅影响虚拟媒介的使用，也影响虚拟媒介作用的发挥。除此之外，虚拟媒介的使用和发展也会受到网络色情、网络暴力、网络诈骗等的影响，阻碍高校文化育人工作的开展。

二、高校文化育人现存问题的原因分析

（一）教育者育人理念不坚定

在文化育人工作开展的过程中，教育者是主体，他们设计了文化育人活动，也组织了育人活动，更实施了育人活动。首先，教育者应该对文化育人的价值意义、任务、要求、运行规律及自身任务、使命等有深刻的理解，并且要牢固树立文化育人思想，为文化育人工作提供强大的推动力。思想是行动的先导，在文化育人实践中，教育者文化育人思想的坚定性对其行动力的强弱起到了决定性的作用。教育者的文化育人思想越坚定，就越会深入地认识文化育人理论，就会越全面地认识文化理论，在文化育人工作上付出的努力就越多，对于文化育人工作的方法和规律也能进行准确的把握。

目前，在文化育人实践中，虽然部分教育者已经明确认识了文化育人的价值意义、自身的责任使命等，但是在市场化、功利化思想的影响下，并没有将自己的思想进行彻底转化，将自己的观念彻底更新，还没有彻底摒弃一些落后的教育理念，在文化育人工作的实施过程中并没有坚定自己的文化育人思想，导致了自身行动力的弱化。

在高校文化育人工作开展的过程中，多数教育者没有坚定地遵循文化育人理念，这对文化育人工作的开展是不利的。教育者应该始终坚持以学生为本的教育

理念，将学生作为教育的主体，在教育中增强人文性等。但是，在实际教育过程中，教育者往往忽略了学生的个性化成长，没有对学生进行人文关怀；一些教育者清楚传统的教育思想和教育内容存在一定的空泛性和单向性，教育过程具有明显的非人文性，但是他们为了完成工作任务，仍然以说教、灌输的方式向学生传递自己该说和该讲的内容，从而推卸自己的工作责任。文化育人工作不是短时期内就能完成的，需要我们不断地付出努力。

上述的情况都影响了教育者思想认知与实际行动之间的联结，让育人实践无法得到育人理念的指导。文化育人思想的不坚定严重影响了教育者文化育人的行动力。

（二）文化育人实践机制不完善

高校文化育人应该不断创新其开展模式，不断进行实践总结，文化育人过程不是短期静态的，而是长期动态的。因此文化育人的模式要与时俱进，要不断地进行更新。

高校文化育人的合力展开需要体制机制为其提供保障，否则难以形成合力。目前，大多数高校并没有形成合力育人的体制机制，即使一些高校为此付出了努力，也取得了一定的成效，但是所形成的体制机制仍然存在很多问题。

表面上，文化育人具有理论性的特点；但是，本质上，它带有强烈的实践性。文化育人是以文"化"人，对"化"的过程比较重视。对于育人主体来说，"化"的过程是他们运用文化载体对人们进行影响和教化的实践过程；对于育人客体来说，"化"的过程是他们自主判断和选择文化价值的实践过程。由此可见，文化育人的过程具有强烈的实践性。

"人类任何一项实践活动都是关于对象的指向性活动。"[①] 文化育人是一项有目的的实践活动，要在实践过程中不断追求对文化育人价值的实现。文化育人的实施一定要对实践的过程提起重视。文化育人是一项系统的工程，由各个要素共同组成，各要素之间有着密切的联系，彼此之间也互相影响，这些要素按照一定的结构、层次、规则形成一个有机整体。文化育人工作的展开，要遵循文化育人的实践规律，讲求育人方法，从而建立切实可行的实践育人机制，将文化育人工作的效能充分发挥出来。

---

① 郑卫丽. 大学文化育人工作的实践特征及本质 [J]. 人民论坛，2014（14）：196-198.

从整体上看，对于文化育人活动的开展，高校各部门之间没有进行良好的沟通和合作，它们各自为营，各自开展文化育人活动，各部门之间没有学校的通知几乎不会主动地进行交流。对于高校各部门来说，它们的任务本身就很繁重，在文化育人活动上付出的精力是非常有限的，所以各部门之间很少主动地进行交流。一些部门对于文化育人工作的开展持有偏见，并没有形成合力开展文化育人的共识。一些部门并没有将文化育人工作划为本部门的职责工作，互相之间推卸责任，这非常不利于高校文化育人工作的开展。在文化育人工作开展的过程中，要切实考虑学生之间存在的差异性。不同年级、不同专业、不同政治面貌等都会影响大学生对文化育人的接受能力和接受程度。目前，高校在开展文化育人工作的过程中，很多部门都忽视了学生之间所存在的差异性，这样就会在育人工作的开展中引发很多问题。

近些年来，人们对文化育人的重要性有了越发清晰的认识，与此同时也在文化育人工作的实践中获得了一定的成效，但是，高校仍然带有一定的功利化和实用主义成分，在办学的硬性指标建设方面给予了更多的关注，对需要进行长期系统建设而又在短时间内看不见成效的文化育人工作有所忽视，这在一定程度上影响了文化育人工作的开展，阻碍了系统而长效的实践机制建设。

目前，各高校并没有建设完善的文化育人长效机制，在育人实践机制方面仍然存在很多问题，学校所重视的是培养和提高教师的技能和教学能力，而不是重视提高教师的综合素质，另外也不太重视教师在思想、价值观、文化自信上的培养。在大学校园文化建设中，大学重视物质文化建设超过了精神文明建设，重视现代文化建设超过了传统文化建设，重视科学精神建设超过了人文精神建设，重视理论教育超过了实践教育。这些问题的存在对文化育人的功能有明显的弱化作用。高校大学生文化自信的培养，应该将社会主义核心价值观作为指导，并积极探索和挖掘优秀的传统文化资源，改革和创新传统文化教育的载体，有效融合传统文化与思政教育，并对其融合路径进行深入探索。目前，高校在这些方面的工作做得不是很深入，并且也没有进行过多的实践性探索，而是主要进行理论研究。实际的思政教育课程并没有很好地融入传统文化，即使融入了一部分传统文化，也没有将传统文化的作用充分发挥出来，这样不仅不利于激发学生的学习兴趣，而且也不利于学生对传统文化的认同，不利于学生文化自信的培养。

我们对这些问题进行深入分析，就会发现造成这些问题的根源是文化育人长效实践机制的缺失。文化育人需要经过长时间的建设，很难在短时间内见到成效，并且涉及的方面非常广泛，只有在社会各界的努力下，才能有很好的成效。因此，对于高校来说，应该站在战略的高度，深入认识文化育人，只有这样才能充分认识到实践对文化育人的重要意义。高校应该在学校发展规划中纳入文化育人的实践目标，加强顶层设计，让文化育人的实践机制得到不断地完善，让文化育人工作变得越来越规范，并在各方面工作中付诸实践，让大学生在实践中得到升华，为学生营造浓郁的校园文化氛围和积极向上的育人环境。

（三）文化育人媒介缺乏创新

在使用实体媒介和虚拟媒介的过程中，出现了两极分化的情况，这也严重阻碍了多维度媒介的综合使用。对于实体媒介和虚拟媒介，如果单单使用一种，都不会达到良好而理想的育人效果。当前，高校使用的媒介一般为实体媒介，或使用一些保守和落后的虚拟媒介，很少使用比较先进的新型虚拟媒介。高校应该在使用实体媒介的过程中增加先进虚拟媒介的使用。

随着国家综合实力的不断增强和科技的不断发展，媒介载体逐渐向虚拟化形态的方向发展。虚拟媒介机器设备的购买需要花费非常高的费用，对于部分高校来说，是承担不起的，从而使虚拟媒介无法在高校得到普及，并且虚拟媒介的管理、维护也需要非常高的费用；实施主体一般很少使用虚拟媒介，也缺少经验和指导；虚拟媒介的使用和操作是相对比较复杂的。以上问题都在不同程度上阻碍了虚拟媒介的发展，使其很难在高校得到普及，阻碍了高校文化育人工作的开展。对于虚拟媒介和实体媒介来说，二者之间没有很好地结合，即使在一定程度上进行了结合，也缺乏创新，不利于文化育人工作的开展。因此，高校文化育人工作的顺利开展，不仅需要创新这两种媒介的使用方法，而且也需要将这两种媒介进行很好的融合。

（四）文化育人环境建设管理经验不足

目前，部分高校在文化育人环境方面并未进行及时的建设和管理，管理上也没有丰富的经验。一些高校并没有找到自身文化育人工作发展的特色，文化育人工作存在严重的照搬照抄现象，也没有较强的针对性，更没有发挥出应有的效用。人们的情感、思维、人格、思想道德水平取决于人们赖以生存的物质环境，人们意识形态的形成受到社会存在样貌的影响。环境对教育对象的思想道德水平有极其重要的影响。思想政治教育环境是一个对立统一体，主要体现在复杂性和可控性、稳定性与动态性、开放性和封闭性、整体性与局部性、客观性与主观性等方面的统一。在环境建设和管理的过程中，要综合考虑，对所有能对环境产生影响的要素进行很好的把握，如自然要素，面对恶劣天气要采取具有较强针对性的措施；人为要素，就是要制定相关的规范条例，保护环境建设等等。

第四节 高校文化育人的构建路径

目前，我国高校在文化育人及文化建设方面所取得的成效是有目共睹的，文化在思想政治教育中的作用也变得越来越重要。文化育人是高校育人工作的一项重要手段。但是随着市场经济的发展，一些功利化的社会思想对高校的文化育人工作带来了负面的影响，高校在具体的文化育人实践中仍然存在很多的不足之处，因此，面对现存的问题，必须对文化育人的实践工作进行全面优化，不仅要坚持文化育人的基本原则，让文化育人方法得到不断完善，还要构建文化育人体系。

一、坚持文化育人的基本原则

文化育人是高校进行思想政治教育所采取的一种重要手段，在文化育人工作的开展过程中，要运用社会主义先进文化育人，必须坚持以下原则。

（一）坚持马克思主义指导原则

马克思主义是 19 世纪中叶由马克思和恩格斯所创立的革命学说，包括三方面的基本内容，分别是马克思主义哲学、政治经济学和科学社会主义。马克思主义代表无产阶级的立场，不仅客观阐述了人与自然的发展规律，而且也客观阐述了社会发展的规律，除此之外，还深度分析了资本主义的根源，更科学预测了资本主义灭亡的必然性和社会主义最终会取得胜利的发展趋势。在无产阶级认识社会和改造社会的过程中，马克思主义为其提供思想武器，在理论上提供指导，马克思主义不仅是一种世界观，也是一种方法论。

马克思主义是在研究 19 世纪科技发展水平和社会现状的基础上产生的，它揭示了事物发展过程中的一般规律，是无产阶级认识世界和改造世界所持有的一般立场、观点和方法。马克思主义所提供的理论不是教义和教条，而是供无产阶级研究世界的方法。因此，马克思主义具有一定的开放性。

马克思主义正确地反映了客观存在事物的本质及其规律，并且是以实践论和历史唯物论为基础的。马克思主义与具体的社会实践进行了结合，为人们对于新技术的运用提供了指导，为新理论的产生奠定了基础，为新矛盾和新问题的产生提供了良好的解决办法，并进行了持续性的社会历史实践，不断丰富和完善，具有一定的时代性。时代在发展，科学技术也在发展，自然、社会、人类思维也随之发生变化，所带来的变化是翻天覆地的。马克思主义的产生，不仅结合了具体的现实情况，也结合了科学发展情况，与时代、人类、科技共同进步，只有这样，才能为社会发展提供指导，为人类社会实践提供理论指南。

马克思主义在传入中国之后，切实结合了中国的实际国情。毛泽东最早提出了马克思主义中国化思想，指出要"学会把马克思列宁主义的理论应用于中国的具体的环境中，要使马克思主义在中国具体化。"① 而中国特色社会主义理论体系的产生就是将马克思主义进行了中国化，这个理论体系是与时俱进的，能够为中国解决现阶段所面临的实际问题，对中国社会主义现代化建设发挥强大的指导作用。

无数实践证明，中国特色社会主义事业顺利进行和健康发展的基本前提是坚持以马克思主义为指导。目前，我国正处于社会转型的关键时期，传统思想与现代思想、本土文化与外来文化之间进行了融合和碰撞，逐渐形成朝着多元化的方向发展，各种形式的载体所承载的信息是非常杂乱的，在一定程度上稀释了我国社会的主流艺术，严重阻碍了人们对信息的分辨，也不利于人们对于信心的选择和接纳，影响了人们对中国特色社会主义理论的学习，非常不利于社会主义核心价值观的树立。在这样的背景下，对于马克思主义的指导地位的坚持和通过利用马克思主义的立场、观点、方法对错误思潮进行分析和鉴别是非常重要的。

在中国，中国特色社会主义文化是一种先进的文化，而马克思主义是这种先进文化的核心和灵魂，为它的发展提供了指导，帮助它朝着正确的方向发展，并推动它不断向前发展，在社会主义建设过程中能够将最广大人民的力量凝聚起来。文化育人的展开是通过社会主义先进文化来进行育人的，在育人的过程中，马克

---

① 李恒瑞. 发展观念的革命当代中国科学发展观论纲 [M]. 广州：广东人民出版社，2009.

思主义指导地位得到了重点突出。

文化育人是一种教育方法和手段，在思想政治教育方法体系中发挥着极其重要的作用。我们可以对思想政治教育方法体系进行划分，由上向下将其分为四个层面，依次是"马克思主义哲学方法""一般科学方法""基本教育方法""具体教育方法"，其中"马克思主义哲学方法"提供了宏观指导；"一般科学方法"发挥实践应用的作用；"基本教育方法"提供了中观操作，起到承上启下的作用；"具体教育方法"提供了微观的具体操作。以上四个层面，越低层面的方法就越明显地呈现出实践指向性，也就具有越强的可操作性，文化育人实践也越具体。其中第三层面是思想政治教育的一种基本教育方法，第二层面的"马克思主义哲学方法"为其提供指导，它将一般的科学方法作为基础；第四层面的"具体教育方法"为其提供了有力支撑，可以说它是文化育人的一种独立手段。这里需要注意的是，在整个思想政治教育方法体系中，马克思主义哲学方法所处的层面是最高的，居于宏观指导地位，为下面的各层面提供了指导。

在人们认识世界和改造世界的过程中，马克思主义哲学方法是人们广泛应用的一种基本方法，这种方法充分考虑了自然、人类社会和思维，也是一种比较抽象的方法，并且能为其他学科提供一定的指导。一些常用的马克思主义哲学方法有"一切从实际出发""群众路线的方法""理论与实践相结合""历史和逻辑相一致"。一定要将这种方法始终贯彻到思想政治教育中，让抽象的哲学方法与具体实践逐渐进行融合，将这种方法的指导作用得到充分的发挥。

（二）尊重学生发展与教育规律原则

列宁指出："规律就是关系……本质的关系或本质之间的关系。"[①] 规律反映了事物在发展过程中其内在本质的联系，事物内部的一系列矛盾构成了规律，规律也对事物发展的趋势起到决定性作用。规律具有客观属性和内在属性，并不会因为人的主观意志而发生改变，所以我们只能根据事物的发展从中发现规律，并对规律进行充分的把握和利用。人们认识事物发展规律的过程是一个主观反映客观的过程，也是一个不断探索的过程。

思想政治教育学这门学科所研究的是人在思想品德形成过程中的规律以及思想政治教育过程中的规律，二者进行的过程带有一定的系统性和辩证统一性。对

---

① 列宁. 哲学笔记 [M]. 北京：人民出版社，1974.

思想政治教育来说，文化育人是一种教育实践，二者之间的规律是一致的。文化育人的价值追求具有双重性，它不仅追求个人的价值，而且对大学生的全面自由发展发挥着重要的促进作用；也对社会价值进行追求，对社会的全面进步发挥重要的推动作用。由此可见，文化育人的价值追求共同对人和社会的全面发展和进步起到了积极的促进作用，实现了人与社会发展的有机统一。从矛盾运动上分析，教育者在进行文化育人的过程中，不仅结合社会发展的要求，而且还充分考虑了大学生思想政治素质的发展规律，并对大学生进行了教化，这个教化过程带有一定的目的性，需要经过教育者的计划和组织，从而提高大学生的思想政治素质。文化育人所蕴含的规律是非常多样的，包含学生成长规律、思想政治教育规律、教书育人规律等，要想让文化育人发挥最大的效用，就必须充分尊重这些规律。

1.大学生成长规律

大学生成长规律指的是大学生思想品德形成过程中的规律，它并不是一出生就有的，也不是遗传下来的，而是需要经过一定的发展过程才形成的，也就是说，个体思想品德的形成受到社会环境的影响，个体思想品德各要素的平衡发展需要经过各种社会实践，让个体的认知得到提升，让个体形成良好的行为习惯，让个体的心理朝着更加稳定的状态发展，从而让影响个体发展的内外因素得到有机统一。

在高校教育中，文化育人的主要对象是大学生，不同的大学生有不同的成长背景，在个性方面也表现出很大的差异，并且在思想发展方面的需求也是有所差异的。每个人在方方面面都有需求，如德、智、体、美、劳等各个方面，他们需求的形式也有着很大的差别，无论是怎样的思想需求，都是客观存在于学生的发展过程中的。如果理论是合理的，就可以对其彻底执行，并得到其他人的认同。这里的彻底是指能够很好地把握住事物的根本。因此，高校在实施文化育人的过程中，文化价值观的教育越符合大学生的思想需求，就越能得到大学生的认同；大学生拥有越直接越强烈的思想发展需求，就越容易接受教育者传播的文化价值客体，二者之间具有辩证统一的关系。因此，教育者在育人过程中要充分尊重学生思想发展的需求，并在最大程度上让学生的需求得到满足，这样是对学生成长客观规律的尊重，从而得到大学生的认同，让大学生乐于接受文化育人体系。

2.思想政治教育规律

思想政治教育的基本矛盾是思想政治教育与人的发展之间的矛盾，以及思想政治教育与社会发展之间的矛盾，这个基本矛盾反映出了思想政治教育的基本规律——对人全面发展和社会全面进步的服从和服务，体现出促进人自由而全面发展和推动社会全面进步之间的有机统一。思想政治教育过程中的矛盾运动是非常复杂的，因此它的规律并不是单一的，而是非常多样的。

思想政治教育具有一定的规律，对此不同的学者持有不同的看法，有的学者认为思想政治教育所具有的规律是社会适应律，也有的学者认为思想政治教育所具有的规律是要素协同律，还有其他的学者认为思想政治教育所具有的规律是过程充足律、人格分析律或协调控制规律等。无论是哪种规律，都是在思想政治教育矛盾运动的基础上进行阐释的，如思想政治教育客观要求和教育者、社会环境之间的矛盾，教育者与受教育者之间的矛盾等。对于这些具有复杂性的矛盾运动，教育者要有充分的认识，这样才能对思想政治教育过程中的各种规律进行充分的把握。因此，要尊重思想政治教育规律，必须对思想政治教育过程中的矛盾运动过程进行深入的认识和理解，从解决思想政治教育过程中的各种矛盾入手。

3.教书育人规律

在高校中，教书育人是教师的神圣职责。教育育人指的是教师在向学生传递知识和培养学生技能的过程中，帮助学生树立社会主义核心价值观，引导和提高他们对本民族文化的认同感，提高他们的文化自信，从而为社会培养出优秀的人才。在教育规律层面上，教书本身就蕴涵着育人，发挥着德育的作用和功能。在教学过程中，教师应该将德育融入其中，让教学的科学性和思想性得到有机统一。

在人道德面貌的形成过程中，知识所发挥的作用是非常重要的。人所具备的知识越多，在精神上的需要就越丰富，道德意识和道德实践也就越强。因此，教师教书最终是为了达到育人的目的，教育与育人二者之间是不能隔离的，二者共同组成了一个有机整体。学生思想品德的形成和发展离不开大量的实践，以及知、情、意、行之间的协调发展。其中文化上的认知促进了大学生道德情操的形成，为大学生的思想意志和行为习惯奠定了坚实的基础。教师在知识传授过程中运用了各种各样的形式，这些形式对大学生文化认知的提升程度起到了决定性的作用，从这个层面上讲，教师教书可以看作一种特殊的文化育人活动。

在高校教育过程中，应该遵守教书育人的基本规律；同样，对于高校文化育人工作来说，同样需要遵守这项基本规律。高校在文化育人工作开展的过程中要想取得良好的成效，一定要遵守这项规律，并且需要提高教师的积极性，在教学过程中贯彻落实育人活动，让学生在学习过程中体会到满满的活力。高校教师应该在教学过程中将自身的优势充分发挥出来，并潜移默化地影响人，激发学生的成长动机，在学生的成长成才路上做好引路人，只有这样才能增强文化育人的实效性。

（三）坚持合力育人原则

大学校园是文化育人的主要场所，校园文化承载着文化育人的使命。校园文化将师生文化活动作为主体，以校园精神为底蕴，校园物质文明和精神文明是在校园师生及其他工作人员的共同努力下而形成的。校园文化可以分为三种类型，物质文化、制度文化和精神文化，其中精神文化能够反映全校师生的价值观，发挥着统领作用，也是校园文化的灵魂。一个高校的校园文化，不仅能够体现大学的文化风格，还能将大学精神反映出来。校园文化是在大学教育的发展过程中诞生的，不仅反映着学校历史发展中的文化积淀和精神传承，也体现着学校在培养人才、造就人才方面的物质成就和精神成就。校园文化是全校师生共同所创造出来的，主要体现在教学、科研、管理、服务、生活等各个领域的文化活动中。

校园文化发挥着重要的育人功能。校园文化是学校育人过程中所具备的重要环境条件，也是育人过程中重要的教育资源和构成要素。积极健康向上的校园文化不仅能够让大学生获得丰富的知识，还能让大学生的综合素质得到提升。

在结构功能上，校园文化具有一定的系统性和复杂性。校园文化是由多种要素构成的，各个要素之间联系紧密，要素与要素之间相互作用，共同构成了一个有机整体。各个要素分布在校园的方方面面，可能是不同的组织，也可能是不同的领域，更可能是不同的群体，复杂性非常强。随着社会的不断发展，高校建设也得到了发展，校园文化也在不断更新，呈现动态发展的趋势。校园中总是流行着新的时尚文化，创造着新的文化成果，与此同时，也有一些无法跟上时代发展需要的文化在逐渐衰微和消逝。校园文化是社会文化系统中重要的一部分，也是校内教育力量和校外教育力量与校园文化各要素之间相互影响、相互作用之后的产物，其中，校园精神文化发挥着极其重要的作用，不仅对校园文化的性质和方向发挥着决定性作用，也对校园文化功能的实现起到决定性作用。

校园文化具有育人功能，要想将其充分发挥出来，一定要发挥核心价值观的主导作用，进行合力育人，帮助全体师生树立社会主义核心价值观，并在校园文化建设和校园师生的文化生活实践中融入社会主义核心价值观，从而统领校园内各种教育资源，所以我们就需要将校内教育力量与校外教育力量进行有效结合，让校园文化整体育人的目的得以实现。合理育人，就是将各方面的力量凝聚起来，并以核心价值观的力量统领其他力量。

依据育人职能的不同，可以将育人力量分为四种，分别是课堂教学力量、管理力量、服务保障力量和学生榜样的力量。其中课堂教学力量的职能是教书育人，管理力量的职能是管理育人，服务保障力量的职能包含图书馆、学生宿舍、保卫处、医疗卫生所等提供的服务，学生榜样的力量的职能在于优秀大学生的朋辈育人。在高校校园里，大学生在学习的同时也有个人生活，必须接受学校对他们的安排，如教育、教学、管理和服务等，他们的校园生活离不开学生群体，会受到学校方方面面以及学生群体的影响，如果这些影响是积极健康向上并且将社会主义核心价值观作为统领的，那么会对学生形成较强的教育合力，反之，就会形成较弱的教育合力。因此，将核心价值观作为统领的育人力量对校园文化建设和发挥文化育人合力都发挥着极其重要的作用。

（四）坚持真善美统一原则

文化育人是通过先进文化育人，是一种特殊的思想政治教育实践，其根本宗旨是促进人的全面自由发展，根本价值体现在真、善、美的统一上。

从哲学层面讲，人全面而自由的发展就是真善美的统一；从文化层面上讲，真、善、美是评价人全面而自由发展的标尺，也可以说是人们文化活动应该遵守的原则。

在社会和生活实践中，人们在遵循真、善、美统一原则的同时，还应该在实践中付诸行动，这样才能充分发挥自己所拥有的本质力量，也就是实现全面而自由的发展。因此，在文化育人实践中，人作为能动的文化主体，不仅要遵循"真"和"善"的尺度，还要遵循"美"的尺度，自觉坚持真、善、美的统一。大学生也是如此。

二、完善文化育人的方法

文化育人与文化载体之间的联系是非常密切的，二者都不是各自孤立存在的，都需要另外一方的协助。文化载体所具备的思想政治教育功能有很多种，不同的文化载体能对人产生不同的影响。文化育人是高校进行思想政治教育所采用的一种普遍手段，主要是通过运用各种各样的手段对人进行教化，让大学生在潜移默化中受到影响，由此可见，文化育人具有非常强烈的隐蔽性。文化育人也是一种通过文化载体来影响人的过程，可以看出，文化育人具有非常强烈的场域性和生活实践性，需要在日常生活实践中进行。通过上述分析，可以将文化育人的方法分为三种：隐性育人法、"场"式育人法、生活养成法。这三种方法的概念具有较强的宏观性，彼此之间存在一定的交叉，并且各自的侧重点也是不同的。

（一）隐性育人法

隐性育人法指的是教育者通过各种方式，在文化育人过程中，在大学生的生活、学习的方方面面潜移默化地融入思想政治教育信息，这样不仅充分发挥了文化的价值渗透作用，还体现了文化陶冶情操的作用。隐性育人法是高校进行文化育人工作所采用的一种基本方法，它不是一种单一的方法，而是一种方法体系。我们可以将隐性育人法分为三种：渗透教育法、陶冶教育法和体验教育法。

1.渗透教育法

渗透教育法主要是指教育者在受教育者所能接触到的一切事物或活动中渗透教育内容，对受教育者产生潜移默化的影响的方法。这种方法所采取的教育方式有很多种，但是必须借助一定的文化载体达到育人的目的，这些文化载体包括文化活动、文化环境、文化生活、大众传媒等。文化载体和育人方式的选择需要根据教育目的和教育内容进行。

这种方法非常注重营造文化氛围，可以在大众传媒载体的基础上，将声音、形象、艺术美感结合起来，让大学生获得情感上的愉悦感，也能让大学生得到一定的感染和熏陶；也可利用校园文化的载体，为大学生营造出一个良好的校园文化氛围，在这种氛围中，让大学生的思想和行为受到潜移默化的同化。渗透教育法一般是通过寓教于境的方式来进行文化育人。

2.陶冶教育法

陶冶教育法，是指教育者创设一定具有教育意义的环境和情境，利用这些环境和情境来影响学生的道德、心灵、思想情操等，让他们获得一定的感染和熏陶。这种方法强调教育者要为学生营造一种轻松的、愉悦的、和谐的文化氛围，还通过运用美的形象化和愉悦机制，让学生的心理处于轻松的状态，情绪处于兴奋和愉悦的状态；这种方法也注重激起学生的情感，不仅可以提高他们的学习动机，还可以激发他们的想象力和理解力。这种方法，强调环境、情感和审美对学生的影响。所谓环境对学生的影响，就是为学生营造一种有艺术感的校园文化环境，这个环境是带有教育性质和文化象征性质的，以此来影响和陶冶学生的情操。情感对学生的影响，就是学生在具有人格魅力的学校领导和教师身上获得激励，从而健全自己的个性。美对学生的影响，就是教育者在教育教学和校园环境中挖掘出美的因素，以此来影响和陶冶学生的情操，让他们在校园生活和学习中获得美的体验。

3.体验教育法

体验教育法，就是学校或者教育者组织各种实践性的活动，并让大学生积极地参与进来，从而加深他们的理解，提升其思想认知，使其树立正确的价值观。这种方法具有较强的实践性，能够让学生通过参与实践活动亲身接触一些具体的事物，加深他们对事物现象的理解，了解事物的本质和规律，获得真实的体验，使思想认知得到升华。实践活动包含文明班团组织建设活动、青年志愿者活动、下乡活动、社会考察活动等等，学生能够从这些实践活动中获得隐形教育。

综上可知，三种方法的运用能够充分发挥出文化育人所具有的隐性教育功能，对这三种方法进行不断的探索和创新，能够让隐性育人的方法体系变得更加完善。

（二）"场"式育人法

文化在对人造成影响的同时，会以"场"的形式存在，学校实际上就是一种"文化场"。学校文化场是一种由多种文化因素共同形成的精神力量，如学风、教风和校风、校园文化和环境、学校师生员工的精神面貌和社会舆论氛围等，这种精神力量能够让校园师生凝聚起来，引导他们积极进取和奋发向上，这种迸发出来的精神力量就是文化的"场力"。学校这个文化场通过综合场力的形式将能量释放出来，施教于人。

具体来说，学校文化场的功能包含很多方面，如激励、感染、凝聚、熏陶、约束和辐射等，这些功能并不是通过物体直接接触的方式来实现的，而是通过辐射或渗透的方式来实现的，我们将这种育人方法称为"场"式育人法。场式育人法指的是学校通过利用"学校文化场"的凝聚力、向心力和感染力，让大学生从整体上感受到大学精神，并潜移默化地从中获得精神激励、自省自悟和行为约束，最终通过大学精神达到对学生的激励和感染，通过大学"文化场"的综合"场力"进行整体育人的目的。场式育人法是高校文化育人过程中常用的一种方法，这种方法对文化育人发挥着非常重要的作用，这种方法让文化育人的实效性得到了有效增强，也让人才培养的力量得到了大大的提升，并且随着文化全球化的深入发展，这种方法在高校中得到了高度重视。随着高校文化建设的发展，高校对学生文化场的构建越来越关注。

场式育人比较重视整体育人，并充分利用文化场的辐射力量，让场内人员的精神得到极大的激励，并进行自我反思和自我控制。场式育人法有隐形育人法，也有显性育人法，其中显性育人法包括激励教育法、感染教育法、约束教育法，下面将对这三种方法进行重点介绍。

1.激励教育法

激励教育法，是指教育者充分利用学校文化场中所具有的正能量，充分激发出大学生的主观能动性，为大学生所努力方向的正确性提供保证。激励包含物质激励和精神激励两种，二者并不是孤立存在的，而是相辅相成的。但是对于大学生精神方面的激励是更为重要的，学生在精神上有了动力，才能在各个方面有良好的发展。激励教育也可以分为目标激励、奖惩激励、鼓励等方式，其中，目标激励就是帮助大学生树立理想目标，让他们为自己的理想目标而努力；奖惩激励，就是对大学生进行一定的奖励和惩罚，以此来激励学生奋进；鼓励，就是通过一定的方式让他们勤奋进取。学校在激励学生的过程中，不仅要满足学生成长和发展的需要，也要满足学生当下的需要，从而对学生进行理想教育。除此之外，在激励学生的过程中，也应该对学生进行公平公正的奖优罚劣，从而将大学生积极进取、奋发向上的主观动机充分激发出来，进而营造出良好的校园文化氛围，让大学生在这种氛围中得到持久的、强大的精神激励。

2.感染教育法

感染教育法，是指教育者充分利用文化场中所具有的情境和情感，以此对大学生进行感化，让他们得到积极的影响和熏陶，这种方法所携带的情感色彩是非常浓郁的，并且具有更加形象、生动和自然的表现形式。如果大学生的思想比较活跃、情感比较丰富、生活集体化程度比较高，那么这种方法就能够让这些大学生在情感上产生共鸣，让他们在学校生活和学习中感受到轻松和自然。感染教育的形式包含形象感染、艺术感染、群体感染等，具体的方式也有很多种，如榜样教育、实践参观活动、文艺作品赏鉴活动、集体交流活动等。

在运用感染教育法的过程中，不仅要与大学生的兴趣爱好相结合，还要与大学生的关注点相结合，这样设计和组织出来的教育活动才是被大学生所喜爱的。具体来说，可以举办校园先进人物评选活动，让学生选出自己心中合适的教师和学生；也可以让学生积极参与一些公益活动，比如让他们到敬老院照顾老人，到孤儿院照顾幼小儿童，从而让他们的爱心得到培养；除此之外，还有很多活动可以对大学进行感染教育，让大学生在积极的校园文化氛围中受到感染，在情感上产生共鸣。

3.约束教育法

约束教育法，是指学校管理者和教育者制定一些管理规范，从而让学生的行为受到一定的约束，这是一种通过管理文化让大学生进行自我反思和约束的教育方法。管理是文化育人过程中的一种基本载体，能发挥非常重要的作用。常用的管理载体一般有三种类型，分别是组织管理、制度管理、生活管理，这三种管理类型都必须坚持以学生为本的原则，从而将学生的积极性调动起来，对学生的成长发挥促进作用。约束教育法不仅充分考虑了学生的自律和他律，将二者进行融合，而且还考虑结合了内在约束和外在约束。这种方法注重学校文化场和大学生之间的互动，是高校通过管理促进改革和通过管理促进建设的一种非常重要的方法，这种方法不仅让学生进行了自我教育，也让学生进行了自我提高。

约束教育法在实际运用过程中，要坚决遵守以人为本、寓教于管的原则，要在管理过程中不断完善学校的管理制度，还要将管理变得越来越规范；另外，学校不要一直处于"管"的层面，要逐渐转向教育层面，对学生给予充分的尊重和信任。在这个过程中，应该激发和提高学生的自主能动性，让学生进行自我管理。

（三）生活养成法

生活是教育之源。大学生成长过程中的各个环节都和平时的学习生活有着密切的联系。生活养成法是指教育者在受教育者日常学习生活中的方方面面融入养成教育，使其在日常生活中潜移默化地养成良好的行为习惯、全面提升自身能力和素质。生活养成教育并不是让大学生随心所欲地学习生活，也不是教育者所进行的强制性的教育，而是通过运用一定的教育手段让大学生在日常生活中进行自我养成。由此可见，这种方法具有较强的生活实践性，以学生为教育主题，是文化育人过程中一种常用的方法。

生活养成教育具有较强的系统性，是一项全员、全程、全方位的教育。其中全员教育不仅涉及学生的学习，如教育教学、科研等，也涉及学生的生活，如管理、服务等，并且全员教育也需要全员参与。全程教育要充分考虑大学生成长的不同过程，对大学生进行生活养成教育的过程要有针对性和侧重点。全方位教育涉及的内容比较广泛，如思想、性格、行为、素质等。每项内容所涉及的内容都不是单一的，而是一系列的，思想方面的内容包含对祖国的热爱、对社会无私奉献、为人民服务、文明守信、勤俭节约、艰苦奋斗等；性格方面的内容更包含诚信友善、乐观豁达、积极进取、自强不息、勤奋诚恳等。

进行生活养成教育的方法有很多种，其中正面灌输法、启发引导法、典型示范法、规范管理法等是最基本的方法。具体来说，学校明确各项教育措施和管理手段之后，运用正面灌输法加深大学生对学校管理政策的理解和认同，提升他们的思想认知；运用启发引导法调动和提高学生的内在积极性，让他们的价值认知在正确的方向发展，让他们更加自觉地参加各种活动；典型示范法还可以看作是一种榜样教育，就是在大学生的学习和生活中树立榜样，对大学生形成一种激励，为大学生营造一种良好的学习氛围。

对于生活养成教育的开展，高校应该做到以下几点：根据教育任务将顶层设计抓好，从全局角度做好统筹规划，将资源整合起来，对人员和组织保障进行完善，对各项教育工作安排进行细化等等，从而为教育任务的有效完成提供有力保障。不断完善规章制度，在管理方面进一步加强。生活养成教育所涉及的内容比较广泛，需要规章制度的有力保障，如生活管理制度、学习管理制度、校园文明行为准则、奖惩制度等等。在完善制度的过程中，应该将这些制度付诸实践，积极引导大学生的行为习惯。建立健全生活养成活动平台。养成活动平台在建立健全的过程中应充分考虑学生的实际需求，运用大学生能够接受和喜欢的方式，并且以这样的方式来开展校园文化活动和社会实践活动。让大学生在切身实践的感受中自发地接受养成教育。

三、丰富文化育人的媒介载体

（一）综合使用媒介载体

对于高校文化育人载体，我们应该不断地创新，并探索与育人载体相适应的活动类型。高校文化育人载体的种类是多样的，可以是具体的物质，也可以是组织形式。

传统育人载体有纸质书籍、报纸期刊、历史文物等等，对这些传统育人载体要充分地利用，并珍惜它们，对它们进行妥善管理，为传统育人载体的长期使用提供有力保障。新型文化载体有多媒体、互联网、移动手机、手机 APP 等，对于这些新型文化载体的利用应该与高校文化育人的特点加以结合，只有这样才能发挥出这些文化载体的最大效用。在大学生使用这些新型文化载体的过程中，高校应该采取一些良好措施，引导大学生正确使用文化载体，从而避免大学生受到不法侵害。

要想更好地开展文化育人活动，高校应该综合利用这些文化育人载体，将其最大效用发挥出来；要妥善管理这些育人载体，对它们进行定期检查和维护；要对文化育人载体进行严格规范，加强管制。综合利用传统载体和新型载体，将它们的优势加以结合，与此同时，要坚守中华民族传统文化的文化阵地，坚决抵制西方的不良意识形态以及网络上的不良意识。对高校文化育人的媒介载体进行创新和优化，促进高校文化育人工作的展开。

（二）利用多维度媒介载体

对于社会媒介、校园媒介、家庭媒介，高校要进行充分利用，从而促进文化育人工作的开展。与此同时，要综合利用这些媒介，对这些媒介的使用方法进行创新。

发挥社会媒介的力量，对社会要素进行充分利用，从而让学生在良好的学习氛围中生活和学习，加深社会大众对文化育人的了解。社会环境为文化育人提供良好的导向，所以应该充分发挥出社会环境的引导作用，提高学生和社会大众对文化育人活动的参与性和自觉性。除此之外，舆论监督功能也是社会所特有的，应该将这种功能充分发挥出来，推动先进文化育人活动的宣传工作，将社会大众的积极性调动起来，让他们参与到文化育人的活动中来。通过社会团体和机构对群众进行积极的引导，为文化育人工作的落实和展开提供可靠的力量。

将社会载体的优势充分发挥出来，加强学生的理论学习和实践学习，加强对教师的教育。教师应该将本身具有的浓郁人格魅力充分展现出来，让自身的综合素养得到进一步的提高，在结合学生实际情况的基础上，对学生理论学习方面进行积极的引导，提高他们参与文化育人活动的主动性和积极性。通过建立独具特色的校园文化在大学生的学习和生活中逐渐渗透文化育人的文化内容，将校园载体的优势充分发挥出来。

充分发挥家庭载体的力量，通过良好的家风、家训、仪式教育、文化传承对大学生的成长和成才起到积极的促进作用。对于孩子来说，家长是他们的第一任老师，也是最好的老师。作为家长，首先应该以身作则，发挥自身的榜样作用，通过生活中的方方面面对大学生进行文化教育，让大学生的心灵得到滋养。通过一些仪式教育对大学生进行文化育人渗透，如晚辈对长辈的尊称、节日祝福的仪式表达、用餐仪式、告别仪式等，从而对大学生产生积极的影响。良好的家族文化和家庭文化能够对大学生起到积极的影响，为他们在为人处世方面提供良好的引导，让他们深刻体会和感悟到家庭本身所具有的能量，从而推动大学文化育人活动的展开。

（三）拓展多空间媒介载体

应该不断发展传统媒介，并妥善保护和管理那些实体的传统媒介，对它们进行定期的检查和维护，要让这些传统媒介与时代共同发展，不断地革新，将文化育人的功能充分发挥出来。

综合使用虚拟媒介和实体媒介，创新使用方法，实现二者之间更好的衔接。对虚拟媒介越来越多的使用，并不意味着要抛弃和淘汰实体媒介。实体媒介和虚拟媒介各自的价值和意义都是不容忽视的，所以我们要根据具体的情况和自身实际的发展需要，选择适当的媒介载体来进行文化育人。实体媒介和虚拟媒介的作用应该在文化育人过程中充分发挥出来，二者应得到有机结合，发挥最大的效用。但是二者之间的结合并不是简单的叠加，而是相互补充，创新二者结合的方法和使用思维，这样的创新和结合，不仅可以促进多媒介载体综合应用的创新，而且还可以推动高校文化育人工作的良好展开。

四、构建"四要素"协同育人体系

文化育人这项系统的工程是非常庞大的，众多要素之间的合力作用实现了文化育人的价值，其中主要的要素有育人的主体、客体、环境、媒介，这些都是对文化育人价值的实现产生最重要影响的因素。文化育人价值实现的渠道主要有三种，分别是外在的给予、内在的生成、媒介的催化。其中外在的给予包括教育者的价值引导和文化环境的熏陶；内在的生成，包括大学生文化主体性的生成和文化自信的生成；媒介的催化，主要是指将教育目的、内容、方法、过程集于一身的三大文化活动载体——课程育人、实践育人、环境育人，作为重要的媒介要素，也就是文化载体，将文化育人的主体、客体、环境三个重要因素进行紧密联系，从而形成高校文化育人的主渠道、主阵地。从这个层面上看，在实施和开展文化育人的过程中，应该充分结合高校的实际情况与发展需求，在充分考虑文化育人的四个要素的基础上，着重提高教育者的价值引导力，让大学生进行全面而自由的发展，为大学生营造一个良好的文化育人环境，提供一个良好的文化育人阵地，让他们在良好的文化育人环境中全面而自由地发展。

（一）提升教育者价值引导力

教育者不仅是文化活动的设计者，还是文化育人活动的组织者和实施者，他们在文化育人活动中实施了教育计划和要求，对大学生价值观的发展发挥着积极的引导作用。教育者本身就具有一定的价值引导力，这种引导力不仅积极影响文化育人活动的成效，还影响大学生的成长和成才。因此，要想增强文化育人的实效，就应该提升教育者的价值引导力。

1.教育者的价值引导使命

（1）文化育人强调思想文化引领和教化

引领是指引和领导的意思，是一种正面的要求和指导，主要是主体对客体的引导。党的十八大报告强调要发挥文化引领风尚、教育人民、服务社会、推动发展的作用，用社会主义核心价值体系引领社会思潮、凝聚社会共识，教育引导党员、干部模范践行社会主义荣辱观，讲党性、重品行、作表率，做社会主义道德的示范者、诚信风尚的引领者、公平正义的维护者，这是党对思想政治工作的要求，也是高校文化育人内在的价值追求。教化是教育和感化的意思，教化的手段有很多种，如政教风化、教育感化、环境影响等，也注重客体的自我体会和感悟，将教育内化到人心。引领和教化之间具有密切的联系，二者相辅相成、不可分离。对于教化来说，引领是前提和基础；对于引领来说，教化是目的和结果的体现。

（2）教育者肩负价值引导的使命

在文化育人过程中，教育者是引领和教化大学生成长的责任主体，他们的职责不仅包含立德树人，还包含促进学生自由而全面地发展，让学生的思想与时代同步。因此，在文化育人过程中，教育者处于主导地位，承担着对大学生进行价值引导的重任。教育者不仅设计文化育人活动，还加以组织和实施，并在此基础上对大学生进行价值引导。人形成价值观念的过程本质上就是从内到外的生成过程，是在已有的知识、经验和价值观念的基础上，通过自我需要的驱动对事物进行建构的过程，人类价值观念的生成是在自主、能动的状态下实现的，因此需要教育者的价值引导是潜移默化的，是深入人心的，并且能够在学生精神上提供强大的动力，让他们在追求人生价值的过程中奋勇向前。

（3）教育者价值引导职能及其体现

教育活动的目的是培养人，在这一过程中不仅应形成价值认识，还应形成价值选择和价值实现，可以说教育活动是一种比较特殊的活动。从这个层面上看，价值与主体的情感、意志、选择之间存在着密切的联系。在人追求价值和创造价值的过程中为人提供引导，这是教育的主旋律。教育者的价值引导职能主要包含三方面，分别是引导价值认知、价值选择和价值实现，这三个方面就是将人对价值追求的能动性激发出来，丰富和发展人的价值世界。

进行文化育人的教育者不仅包含专业教学老师和辅导员，还包含党政管理干部和共青团干部、图书管理员、后勤保障人员等其他相关工作人员，他们在文化育人工作中都展现出了自己的力量。教育者对大学生的价值引导主要体现在教学中以及日常的教育管理和服务之中。

（4）教育者进行价值引导的基本要求

在学生发展过程中，教育者是非常重要的价值引导者，他们的重要使命是将大学生的生命唤醒，从而引导学生向着更高的生命层次不断迈进。教育者的价值引导对学生发挥着至关重要的作用，不仅可以促进学生在校期间的发展，还可以深刻影响学生的整个人生。也可以这么说：教育者承载着学生的生命重托，这项使命是神圣的，责任也是重大的。因此，这就对教育者提出了一些要求。

①要有明确的价值认知。教育者作为传道者，首先要做到明道。在文化育人过程中，教育者应该清晰地认识到应该培养什么样的人、如何培养人、为谁培养人，坚定地落实立德树人的重任，不仅要深刻认识到自身所肩负的重任和使命，还要深刻意识到自身所承担的角色和本身所具有的机制。除此之外，教育者在文化育人过程中，不仅应该深入了解学生价值观树立的具体情况，还应该深入了解学生在思想上产生的困惑，及时为他们答疑解惑。同时，教育者也应该在自身发展过程中充分考虑学生的进步和社会的发展，并积极探索和发掘自我价值。

②要有坚定的价值立场。教育者作为传道者，自身应该信道。教育者应该始终坚持马克思主义的价值立场，通过运用理性的态度和方式深入观察和分析现实社会中存在的不良现象和学生思想认识上存在的问题，正确看待社会生活以及学生所面临的价值观，面对当下多元的文化价值观，我们应该用一种宽容和理解的眼光去看待，对学生进行引导，帮助他们树立正确的价值观，让他们对更加崇高的人生境界有所追求。与此同时，教育者还应该树立正确的价值观和独立的人格，只有这样才能对学生进行正确的引导，为他们提供真正的帮助。

③要树立自身良好形象。教育者作为传道者，还应该要行道。教育者应该做到以身立教，从而积极影响学生和感染学生。而这就强调了教育者应该以身作则，成为学生的榜样。教育者具有的高尚品德和端正的行为习惯，对学生来说，这是一种极其宝贵的教育资源，在其价值观形成和发展的过程中发挥着潜移默化的作用。在教育教学过程中，教师身上的优秀品质会通过自己的言谈举止潜移默化地传递给学生，成为学生心目中的榜样，在学生价值追求和自我完善的过程中提供引导。

总而言之，良好的教育能够引领学生自己去观察、感悟、判别、表达。教育在传承文化的同时，也丰富了学生的情感、磨砺了学生的意志、完善了学生的道德引路。教育者在学生成长和成才之路上，对学生给予尊重和关爱，对他们的成长成才起到重要的引领作用。

2.教育者价值引导力提升策略

教育者本身的综合素质决定他们的价值引导力。教育者所具备的综合素质越高，其价值引导力就越强，反之就越弱。因此，要想让教育者拥有较强的价值引导力，就应该提高他们的综合素质。教育者综合素质的提升路径主要包括以下几方面。

（1）在学校层面要多渠道促进教育者素质的提升

学校可以构建多个渠道，以便于更好地促进教育者素质的提升，因此可以从选拔、培训和激励等多个方面入手，不断壮大队伍，使其可以源源不断地提供优秀的人才。同时，这也是党对高校思想政治工作队伍建设的总体要求，以及提升高校教育工作者综合素质的基本策略。

①加强教育引导和培训。一个学校整体的价值观能够反映该学校的精神文化，并深深影响着教育者的价值观和教育行为。学校也应该进一步加强校风、教风和学风的建设，从而让学校在办学过程中变得越来越规范；学校也应该加强对教育者价值共识的引导和培养，通过深入和广泛的讨论和宣传，引导广大教育者在学校价值观上达成共识；学校也应该将重点放在文化凝练的加强上，让学校价值观成为被全校师生和工作人员共同认可的重要价值标准，从而为教育者实施的文化育人活动提供价值指导。

教育者的层次很多方面都是不同的，因此，在培训教育者的过程中，我们应该对教育者的方方面面进行有针对性的培训。不同的培训有不同的目的，经过教育培训，教育者在工作上的需求和发展上的需求会得到满足，并且能够从培训中获得解决实际问题的方法；学校在对教育者进行培训时，应该赋予教育者对培训内容和方法的自主选择权，这样就能够有针对性地对教育者进行培训。在价值教育理论方面比较薄弱的教育者，应该为他们提供适当的理论培训；在价值引导方法上有所欠缺的教育者，应该为他们提供适当的教学方法培训，那么对于这部分人也应该举办实战技术研讨会。

②强化实践锻炼。教育者在教育实践中所发挥出来的价值引导力，实际上是教师的智慧，教师应该进行大量的教育实践，并在这个过程中不断地探索和研究，在这个过程中，积累大量的教育经验。另外，学校应该为教育者提供更多的机会，创造更多的条件，赋予他们更多的自主权，鼓励他们在工作中不断地创新和探索，让他们不要局限在学校这个狭小空间内，而是走出去在更广阔的世界中进行自由

探索，体会到社会和时代赋予他们的使命和挑战，提高教育探索中的主动性和创造性。对文化育人活动进行精品化设计，不仅能够进一步提高教育者的价值引导意识，而且还能提高教育活动的价值引导作用。学校可以针对文化育人活动展开评比活动，让广大师生对文化育人活动的创新性进行评判，选出其中最佳的一个；也可以通过开展文化育人交流活动和成果展示活动，从而提高教育者对教育的探索性，在实践中积极地锻炼自己和提升自己。

③健全激励机制。文化育人的成效不是在短时间内就能看到的，而是需要经过长期的不断努力才能看到的，因此，高校在开展文化育人工作的过程中，应该有长远的眼光，不能只看到当前的利益。首先，高校应该建立科学的教育评价机制。对文化育人过程中教育者的工作和表现进行客观的评价，在评价过程中，不应该只看重当前的指标，不能带有功利性，如不能只看重文化育人活动的开展数量，而不看重教育者在组织和实施文化育人活动的质量。学校应该将科学的教育观、人才观、质量观作为对教育者工作评价的基础，不仅要通过终结性评价的方式对教育者的工作业绩进行评价，还应该通过形成性评价的方式改正和鞭策教育者发展过程中所存在的问题。其次，学校应该建立科学民主的管理制度，为教育者应有的权利提供保障，将教育者在学校管理中的主体作用充分发挥出来，从而培养和提高教育者的主体意识，将他们进行自主发展的动力充分激发出来。最后，学校应该建立科学的人才选拔制度，让真正具有高尚品德和优秀才能的教育者发挥出他们应有的价值和作用。

（2）从教育者自身层面，要加强自我教育和自我完善

教育者在文化育人过程中具有一定的主体作用，所以应该在文化育人过程中充分体现出自身的主体性，应该通过各种方式促进自身的发展，让自身的价值引导力得到进一步提高。教育者不仅要提高理论方面的学习，还应该对自己的工作和表现进行不断的反思。

①加强理论学习，增强价值引导的理性。教育者的价值引导力是在知识整合的基础上，通过不断学习和积累逐渐形成的。价值引导力实际上就是教育者通过自己的理性思维和价值判断，在对教育对象进行价值判断和选择的过程中所形成的导向力。教育者的理性思维水平对价值导向力的强弱起到了决定性作用，而教育者的理论修养水平又决定着教育者的理性思维水平。教育者在进行任何教育活

动的过程中都需要教育理论的指导。教育者要想提高自身的价值引导力，应该跟随时代的发展，不断地进行理论学习，及时更新教育观念，从而在理论上提升自身的理性思维水平和价值判断能力。

教育者理论学习的加强可以从两方面实现：一是，不仅要学习教育理论知识，还要学习其他学科的理论知识，学会从其他学科中找到有用的知识，为自身价值引导力的提升提供强大的理论支撑；二是，教育者要考虑自身的实际情况，从而有选择性地进行理论学习。理论学习能够帮助教育者找到教育问题的解决方法，还可以帮助教育者进行更好的教育实践。因此，教育者在学习理论知识的同时，要充分结合教育实践。

②勤于自我反思，提高价值判断和选择能力。教育者要引导学生做出科学、合理的价值判断与选择，首先应该从自我做起，教育者本身应该具有正确的价值判断能力和选择能力，只有这样才能对学生进行正确的价值引导。通过自我反思，教育者能够进行更好的价值判断，提高自身价值选择的能力。具体而言，教育者需要自我反思的内容包含自身的工作内容和表现、教育过程中所采用的形式是否合理等等。教育者通过自我反思，能够摆脱肤浅和庸俗，让思想品行走向更高的境界，从而对大学生进行更好的价值引导。目前，很多教师都有价值迷茫和混乱的问题，缺少必要的反思就是造成这个问题的重要原因之一。因此，教育者应该不断提高自身的价值判断能力和选择能力，必须树立坚定的自我反思意识，养成良好的自我反思习惯，经常对自身的价值立场和取向进行自我审视和反思。

教育者进行自我反思的过程中，应该经常反思以下问题：一是，反思自身所肩负的职责和应该发挥的价值，反思自身在教育过程中的行为是否合理、合法；二是，反思所开展的教育活动是否能够促进学生的发展；三是，反思教育活动过程所运用的观念是否符合时代发展的需求和学生发展的需求，从而避免因思想观念而带来的教育偏差；四是，要经常对自身的教育实践以及价值引导是否到位、是否存在疏漏、效果如何、需要调整和改进的地方等，进行自我反思，这样才能清楚地认识到自身所肩负的职责和存在的价值，才能有效把握教育活动开展的合理性以及教育实践的成效。在自我反思的过程中，对于不足之处要及时调整和改进，这样既能让教育者的理性思考和价值判断能力得到有效提升，也能让教育者的价值引导力得到提高。

（二）促进大学生自主发展

在文化育人过程中，大学生是主要的教育对象，也就是所谓的受教育者。文化育人活动的成效最终体现在大学生的素质发展上。在文化育人活动中，大学生具有的文化自信水平越高，他们就越能对文化价值客体进行更好地吸收和转化。由此可知，提高文化育人成效要从大学生自主发展的提升上入手，而大学生自主发展的提升要从大学生文化自信的培养入手。

在文化群体层面上，文化自信是指一个国家、一个民族、一个政党对自身文化价值的充分肯定，对自身文化生命力的坚定信念。从文化个体层面上，文化自信是对中华民族传统文化和社会主义文化的理解、认同和崇敬，也是对其进行文化传承、批判和创新的信念和勇气。大学生对于国家来说是一种重要的人才力量，大学生的文化自信和对文化的传承和发展对整个国家文化自信的提升具有重要的作用。大学生对民族文化是否认同，关系着教育者价值引导的成功，也关系着高校文化育人活动的成效，更关系着大学生文化自信的建立。

提升大学生的文化自信，就是提高大学生对民族文化的认同感，树立社会主义核心价值观。这是全球化时代发展对高校文化育人工作提出的必然要求。高校应该充分挖掘出中华优秀传统文化，并进行一定的创新转化，推动民族传统文化在现代的转型，赋予民族传统文化时代性，从而更好地传承和发展传统文化。

1.内涵建设上

在内涵建设上，要以社会主义核心价值观培育为依托引领传统文化走向现代化。习近平指出："中国优秀传统文化可以为人们认识和改造世界提供有益启迪，可以为治国理政提供有益启示，也可以为道德建设提供有益启发，不可避免会受到当时人们的认识水平、时代条件、社会制度的局限性的制约和影响，因而也不可避免会存在陈旧过时或已成为糟粕性的东西。需要坚持从历史走向未来，从延续民族文化血脉中开拓前进。"① 因此，我们必须传承和发展中国优秀传统文化，对中华优秀传统文化进行一定的创新，使其具有现代文化的特征，使其始终处于先进文化的行列。

本质上，社会主义核心价值观反映了当前的社会主义意识形态，也集中反映

---

① 习近平.在纪念孔子诞辰 2565 周年国际学术研讨会暨国际儒学联合会第五届会员大会开幕会上的讲话[N].人民日报，2014-09-25（002）.

了中国各族人民的共同理想和价值追求，是中国主流文化的灵魂所在，将中国先进文明成果与中华传统文化的精华进行紧密的结合，就是一种先进文化。社会主义核心价值观肩负着一项重大使命——引领中华民族文化在全球化发展的进程中走向现代化，走向世界，走向复兴。这是时代赋予的使命，也是中华民族文化传承和发展的使命，更是文化先进性得以保持的使命。这项使命，是提升大学生文化自信的重要基础。因此，为了提高大学生的文化自信，我国必须进行内涵建设。

首先，要在去粗取精、合理继承的基础上，重点做好传统文化的创造性转化和创新性发展。中国传统文化在封建农耕社会环境中成长，并没有经过工业文明的洗礼，因此，也就存在一些地方与现代化不相融。对传统文化中缺失的现代性元素进行针对性地构建，对我们的价值体系进行不断完善，从而对社会意识进行有效整合，对现代社会秩序进行维护。

其次，传统文化的创新发展，离不开传统文化精华的汲取，也离不开时代发展的实际需求，所以我们应该对传统文化的精神内涵进行深刻的阐释。正如习近平所讲，要"深入挖掘和阐发中华优秀传统文化讲仁爱、重民本、守诚信、崇正义、尚和合、求大同的时代价值，使中华优秀传统文化成为涵养社会主义核心价值观的重要源泉"，[①] 同时，在创新中华民族传统文化的过程中，应该将社会主义核心价值观作为思想统领。这样才能让中华民族传统文化与时代发展同步，才能更好地实现中华民族传统在现代的转型，得到广大人民和广大学生的认同，提升大学生的文化自信。

2.表现形式上

在表现形式上，要通过大众文化的形式将民族传统文化的时代生命力焕发出来。大众文化与人民群众的社会文化生活相融的形式是丰富多彩的，也是被人们接受的。大众文化在潜移默化中对人们的思想和行为方式产生影响，同样，也会在一定程度上对大学生文化价值观的形成产生影响。对社会来说，大众文化的意识形态性并不是很明显，但是却蕴含着文化价值和社会教育功能，价值品位的高低与对民众的正向影响成正比。由此可以看出，中华民族优秀传统文化与大众文化之间具有密切的联系，二者相辅相成、相互促进。中华民族优秀传统文化通过大众文化的协助，能够让大学生对其更加认同。

---

① 习近平.把培育和弘扬社会主义核心价值观作为凝魂聚气强基固本的基础工程 [N].人民日报，2014-02-26.

首先，在弘扬中华民族优秀传统文化的过程中，所采用的应是大众乐于接受的方式，如采用一些现代化的技术、融入现代流行的符号、运用青年人的话语体系等，从而让中华民族优秀传统文化在大众文化中得到更好的传承和发展。

其次，在中华民族优秀传统文化与大众文化进行融合的过程中，应该尽可能地拓展融合途径。可以采取的途径有：通过教育进行积极的引导，通过舆论的力量进行积极的宣传，对大众进行文化熏陶，在制度上提供保障等，将中华民族优秀传统文化与大众文化的各个方面进行融合。价值观想要实现它真正的价值，就需要和社会进行充分的融合，只有这样才能让人们对其有深刻的认识，从而为人们营造出良好的弘扬民族优秀传统文化的生活情景和社会氛围。

最后，应该加强对大众文化生产者的教育和引导，促使他们生产出高质量的文化作品形象，从而在大众中间传播中华民族优秀传统文化，这样中华民族优秀传统文化才能更好地融入大众文化中，也才能得到更好的传承和发展。

3.教育手段上

在教育手段上，要在学校教育全过程中融入优秀传统文化，从而达到文化育人的目的。文化育人对高校思想政治教育发挥着至关重要的作用，文化育人也是高校思想政治教育所采用的必要手段。文化育人作为高校思想政治教育的必要首选，它的目的性和阶段目标性是非常明确的。目前，大学生在认同民族文化方面有所缺失，没有较强的文化自信，所以高校应该帮助大学生树立社会主义核心价值观。文化育人不仅充分考虑了大学生当前的实际需求，还结合了社会主义核心价值观教育，在大学生的学习和生活中潜移默化地融入了中华民族优秀传统文化。除此之外，文化育人也融合了教育者的价值引导和大学生的自我构建，以及显性教育与隐性教育，这就体现出文化育人手段的综合性，从而推动文化育人的实现。

在学校教育的全过程中融入民族优秀传统文化，一方面要在各个教育环节中融入民族优秀传统文化，如课堂教学、社会实践、校园文化、日常管理、生活服务等；另一方面要将民族优秀传统文化融入大学生的"知""行"以及"知行合一"环节中。对大学生进行民族优秀传统文化教育，让他们从中汲取先进的知识，具体就是实现知"道"、体"道"、行"道"、悟"道"的内在统一，并在四者之间形成良性的循环。其中"知"是"行"的前提，"行"是"知"的结果，"知行合一"是对大学生最基本的要求。

在教育过程中，应该从"知"的环节开始，学生文化认知的提高应该从教育者的正确引导以及学生的自觉感知和领悟等方面进行。还要在"知"的基础上，通过各种方式促进大学生对民族优秀传统文化的传承和弘扬。与此同时，要加强对学生进行"知行合一"的思想教育，要通过各种方式监督和引导学生的日常行为，让大学生在认识和实践的循环促进中提高对民族优秀传统文化的理解与认同、自觉与自信。

（三）优化文化育人环境

1.建立健全校园文化建设机制

传统的校园文化包含三个部分，分别是物质文化、制度文化、精神文化。

校园育人的重要载体之一就是校园文化，校园文化对于大学生来说是一种十分重要的外在给予。因此，文化育人价值真正实现的关键在于充分发挥校园文化的功能。在校园建设的过程当中，进一步加强文化建设是文化育人工作有效进行的重要保障。

校园文化建设机制作为一种运行方式，让构成校园文化的要素相互联系、制约和作用，以便于真正地实现促进高校校园文化可持续和协调发展的最终目的。校园文化建设机制除了有助于进一步实现校园文化的科学化之外，同时也可以真正实现校园文化的规范化和制度化。在建设校园文化的过程当中，仅仅有一方努力是不行的，还需要多方力量共同参与，因为建设的工作内容不仅多，而且也非常复杂。校园文化建设机制作为系统工程，不仅能促进和推动校园文化良性发展，同时从某种程度而言也能推动文化育人工作科学发展。

现如今，随着科技的发展、时代的进步，以及文化的繁荣，校园文化建设机制和以前相比变得越来越重要，所以高校在发展的过程当中不仅要建立校园文化的组织管理机制，同时也要建立相应的激励、保障和考核的机制。

（1）构建校园文化建设的组织管理机制

校园文化建设需要高校的每个组织、部门与全体师生参与其中，这么多的组织与人数需要一定的管理机制。校园文化建设工作很容易在没有统一的管理下而零散化、碎片化，从而导致校园文化建设力量不能得以凝聚，文化资源不能得以整合，阻碍校园文化的健康发展。因此，高校要充分建立党政协同、学校党委书记负总责的组织管理机制。这些管理机制的一把手不仅要抓落实，同时也要促进学生团体之间进行共同协作。学校的党政领导在校园文化建设的过程当中，要对其建设情况予以重点关注，并且把握校园文化建设中的发展情况，亲自做出决策，积极解决一些宏观上的问题。学校党委领导要基于文化建设的规律去进行顶层的设计，包含总目标、总任务、阶段性建设计划，同时还要制定相应的总体实施方案。

（2）构建校园文化建设的激励引导机制

众所周知，建设校园文化的主力军就是高校的师生，校园文化建设效果的好坏受到师生的参与积极性与工作动力的影响。所以，校园文化的建设不只需要在组织管理机制方面下功夫，还需要构建校园文化建设的激励引导机制，即促进现有人才资源的能动性增长。以人为本的理念要贯穿在激励引导机制的建立中，具体表现为关怀师生；加强校园文化建设中的资金投入，提高师生的生活水平；推出大学生帮扶政策，使条件较差的学生可以实现生活水平的提升，感受学校和国家的关怀。这些措施可以使师生更加乐于在高校校园文化建设中发挥主观能动性与创新性，从而为校园文化的繁荣出一份力。

（3）构建校园文化建设的保障机制

学校在建设校园文化的过程当中，条件保障是十分必要的，不仅包括资金、人力的保障，同时也需要制度的保障。这些基本的保障是校园文化建设的基本条件。所以，要在校园文化建设中给予充分的物力、人力、财力支持。在校园文化建设的物质方面，需要改善校园硬件设施，提升校园文化环境，并且还要建设符合学校教育特点的校刊、文化亭台、宣传橱窗等。硬件设施的建设有助于提升师生文化品位，有助于顺利推进文化活动，是校园文化建设的必要条件。

人才在校园文化建设中能够发挥重要作用，因此，各高校需要根据自身发展的情况针对性地培养相关人才，组织人才队伍，做到岗位设置与岗位职责明确。同时要对文化建设的精英力量进行关怀，高校内文化建设的精英力量包含众多优秀的知名学者等，充分保证他们自身的实际利益，有助于这些人更加积极地投入文化建设与创新中，同时也可以塑造一支推动校园文化发展的人才队伍。

制度是高度规范化的约束手段，其具有明确的目标系统。制度反映校园文化建设的内在规范性，是高校文化建设中内在规律的反映和要求。因此，需要在校园文化建设中加强制度文化的培育。制度文化的培育需要学校健全组织机构、完善规章制度、规范各级管理、优化工作机制。制度的约束与引导作用需要通过有效的制度安排来发挥，举个例子，为了保障校园文化发展的正确方向，需要利用管理规章制度对一些讲座、论坛、报告会等进行约束和管理，借助制度文化来规范校园，从而促进校园文化的有序建设。

（4）构建校园文化建设的考核机制

校园文化建设是一项重要的校园工作，对大学精神的培养有着至关重要的作用。校园文化建设有着明确的目标与任务，同时也是高校文化软实力极为重要的组成部分和内容。一套非常完整的考核机制可以快速促进和推动校园文化建设的有效展开。学校在明确考核要求的同时还要量化好考核标准，以建立起行之有效的校园文化建设工作考核指标体系，便于更加精准地把各种不相同职能部门的众多工作人员纳入与其相对应的考核范围之内。

从校园实际情况来看，学校充分依据实际发展情况建立政绩考核制度，以及各级领导责任制，量化考核各个不相同部门领导的校园文化建设工作，以及教职工在教学、管理等方面的工作效果，同时将考核结果与个人的职务职称晋升与奖先评优相关联，以便于充分激发和调动学校教职工校园文化建设工作的积极性和主动性，从而在校园文化建设的过程中提供和贡献更多的力量。

除此之外，学校在校园文化建设的过程当中，其指标测评体系需要按照科学、合理的评估准则来建立。学校要进行固定时间的评测，而且要规范测评指标、细化测评内容、完善测评办法，以总结校园文化建设中的经验与教训，从而更好地创新校园文化。

2.建立健全网络文化建设机制

符合当下发展潮流的网络文化比传统校园文化的内涵更加多种多样，丰富多彩，有着很多比较鲜明的特征，如虚拟性、共享性等，和传统校园文化相比较有着极为明显的优势。从现阶段校园文化发展的情况来看，网络文化是它另外一种发展形态，是学生发展的新平台，是文化交流的新载体，是大学德育的新渠道，是学校文化软实力的新拓展。网络文化作为校园文化的重要组成部分，也与社会信息相关。随着时代的发展和科技的进步，网络文化除了是校园文化的延伸和拓展之外，也是一项非常重要的工程，并且这项工程非常系统和全面，想要建立健全校园网络文化建设机制需要从多个方面进行，如组织保障、网络管理等。

（1）建立一套完整的组织保障机制

其一，学校要努力加强领导。建立网络文化建设领导小组，这项工作需要学校党委书记亲手来抓，领导小组的人员要从学校信息办等各种不相同的部门当中选择，同时学校在领导小组下面设立办公室，进行统筹、策划与组织网络文化建设工作。

其二，最大限度地建立健全学校的各种组织。学校构建专门的职能部门，如网络中心、信息办等，并且将其作为学校专项职能的责任主体，其中比较具体的专项职能有网络运行、舆情引导监控等。各二级单位作为属地管理责任主体的组织体系。

其三，建立专业的咨询队伍，咨询队伍内专家需要掌握多领域的知识，如心理健康教育、医学教育、思想政治教育、社会经济文化等，这样才能够更好地应对决策咨询与舆情危机。同时，还需要有人在网络上发挥作用，这些人的引领作用有助于网络文化的大众传播。

其四，学校要对责任进行明确。学校各个组织管理机构的一把手，除了需要对相应的下属部门实行属地管理责任制之外，也要实行职能管理责任制，并且使用者、运营者和主管者三级责任主体分别承担和担负相应的责任，形成有效的事项责任追究制。

其五，学校不仅要对工作有非常明确的规范，同时也要进一步建立健全各种规章制度。学校在校园文化建设的过程当中要对部门和单位的实际工作情况，进行充分、全面的综合考虑，对工作的具体规范和具体要求均需明确。除此之外，各种不相同的部门都需要有专门的领导，专门负责网络建设的主持工作，同时还要下设信息员来管理网络舆情。需要注意的是，规章制度可以规范校园内人员的言行举止，因此要建立健全规章制度。

（2）建立网络舆情引导机制

网络文化由于具备多元性、自由性等特性，不能照搬到校园文化之中。此时就需要学校对网络文化加以过滤。学校应该从加强先进文化阵地建设、发挥网络意见领袖作用、从大学生的思想道德及法治安全教育入手，更好地构建校园网络文化引导机制。

其一，优化和营造良好的网络文化环境，不断加强社会主义先进文化阵地的建设和发展。互联网技术使人们之间的距离拉近，将人们紧密地连接起来。作为一把双刃剑，互联网虽然有十分丰富的学习资料，但是也充斥着大量的负面的信息资源，与此同时，各种价值与思潮在互联网上横行，让这些内容全部不加限制地任由学生浏览会造成不可预知的后果，因此，学校要加强网络文化建设，发挥网络文化育人功能，坚持弘扬社会主义核心价值观。同时，学校也要优化网络媒体资源配置，一方面可以加强主流媒体的建设，从而不断扩大学校影响力，另一方面可以有效、合理地引导非主流媒体，不断加强传播社会主义先进文化的觉悟和能力，学校通过这些方面的努力和完善，能够更好地推动和促进校园网络文化的健康成长和发展。除此之外，学校还能通过相关论坛、公众号等进一步宣传思政教育，以便于充分占领网络思政教育的阵地，最终真正实现培养学生社会主义核心价值观。网络文化的内容要引起学生们的关注，此外知识广度、思想高度、文化厚度、时尚鲜度与服务热度也是需要注意的内容。同时可以采用多种不相同的方法，去向更多的人充分地展现社会主义的核心价值观念，用较好的形象去表达真善美，实现网络在校园文化中的真正作用。

其二，加强对学生的网络道德教育和法治安全教育，以便于学生在网络自律方面意识的不断增强。随着时代的发展和科技的进步，互联网的特性从某种程度而言可以让高校学生的互联网行为以及学生的相关语言，更加具有一定的隐蔽性，以及随意性的特点。随着互联网在大学生生活中的影响越来越深，互联网行为与语言也越来越流行，学校不可能掌控大学生在网络上的所有行为，这时就需要大学生从自身做起，进行自我行为的管理与监控。而对大学生进行相应的教育是大学生约束自身行为的关键。具体可以通过班会、讲座、竞赛等形式使学生对网络道德与法治教育有更加深入的认识，在各类活动上宣传国家的网络管理制度与学校的相关条例，使学生认识网络安全知识与技能，这样可以使大学生的法治安全意识与网络道德水平得以提升，网络言行得到规范，有助于大学生更好地使用互联网，从而提升校园网络环境的文明程度，使校园网络文化健康发展。

其三，建立网络舆情表达渠道，引导网络舆情，使学生得以发泄情绪。大学生日常生活与学习中会遇到多种多样的问题，这些问题可能会在长期堆积下使学生们产生一些负面情绪，这时就需要一些释放与宣泄的方式。假如大学生不能够将压抑的负面情绪宣泄出来，就可能会对其心理健康产生一定的影响，甚至在互联网上发布一些不合适的言论，损害到网络文化环境。解决这一问题可以从两方面入手，一方面，可以通过校长信箱、学生信访日、学生服务热线等方式来建立与学生沟通的渠道，帮助其解决问题，恢复心情；另一方面，学校要开展和组织各种不相同的心理健康活动，不断加强学生在心理健康方面的教育，同时让学生充分地明白和理解心理健康的重要性，引导学生排解情绪、学会自我调节，正确面对生活与学习中遇到的问题，从而减少由此产生的负面舆情，具体的方式有开展在线心理咨询、创办心理健康教育网站等。

（3）建立健全网络舆情监控机制

当前的互联网环境较差，充斥着各种不同的低俗、不良信息，有的是一些媒体为了博取眼球，有的是为了追求利益，有的是为了达到一些政治目的，这使得血腥暴力、负面政治言论、低俗色情、八卦丑闻等在互联网中无处不在，这些低俗的信息无不影响着人们对于互联网的使用。对于大学生来说，他们虽然已经成年，但是文化判断能力较差，无法过滤与筛选适合自身成长的网络信息，其中的不良信息也可能对大学生产生方向上的误导。互联网的特征使大学生可以随意发表自己的言论，但在大量不良信息的影响下，一些学生有可能会发表一些不合适的言论，长此以往，便会引起网络舆情危机，对学校文化的建设具有负面影响。所以，学校要建立网络舆情监控机制，关注学生们在互联网上的言行，做好网络安全工作，使网络文化健康发展。

其一，学校需要对网络安全有足够的重视，并且对网络舆情监测体系进行不断的完善。学校在建立健全网络文化建设机制的过程当中，要充分依据实际发展情况，并且结合重点环节来进行关键岗位和网络舆情监测体系的建立和健全。在完善网络舆情监测体系时，要综合各个部门，如学校网络信息中心、宣传部、信息化建设办公室、网络中心与师生群体等部分来建立舆情信息员队伍，这个队伍可以是专职的，也可以是兼职的，但是需要注意的是，信息员无论是专职还是兼职，不仅要在反应能力上面速度够快，同时也要有着比较强的洞察力，以及政治方面的敏锐力。需要专门设置舆情收集监测点，并且建立相应的舆情信息员制度、信息收集检测制度以及信息反馈制度，以便更多地收集和检测校园互联网信息，一旦发现不好网络舆情的时候，信息员需要及时、快速地向上一级部门汇报，从而相关部门可以快速地做出恰当地处理。

其二，学校要依据实际发展情况建立网络舆情应急防控机制，并且通过各种努力来进一步提升学校舆情危机的应对能力。受到一些不良信息影响而引起的网络舆情需要恰当处理，否则就会引起舆情危机，使学校网络文化受到冲击，同时使学校的正常运转受到影响，更严重的还会引起社会上的舆论，从而对社会稳定产生影响。而一些爱国的言论也并不都是理性的，这些不理性的言论如果失控，也会对学校与社会产生不良的影响。

为了提升舆情危机应对能力，就需要建立网络舆情应急防控机制。网络舆情应急防控机制的建立有助于学校维持稳定的秩序。该机制需要制定网络舆情应急预案，对可能出现的情况进行针对性的训练。另外还要建立一支专业的队伍来进行应对与防控网络舆情危机。对于苗头性问题，要组织专业人员进行分析与判断，同时安排人员进行实时监控，可以在必要时进行正确的引导与纠正，这样可以控制网络舆情向健康方向发展。

为了增强危机应对和化解能力，需要建立网络舆情危机的快速反应机制。在发现舆情危机的苗头时，学校需要立即启动提前准备好的应急预案，主要的负责部门要立即开展相应的工作，并且各个不相同的部门工作人员要充分依照分工，努力做好相应的、有针对性的工作，将舆情危机及时化解。在处理完问题之后，学校需要在网络上及时公布结果，以恢复校园网络的正常秩序，但是这样还不能结束，因为可能有一些不法分子利用这些舆情危机进行炒作来掀起另外的舆情危机，因此学校需要在处理之后再进一步关注事件的最新进展。

（四）建设文化育人主阵地

文化载体在文化育人中有着重要的作用，同时也是各个构成要素协同合作的润滑剂。学校文化育人实践的基本活动形式为课程育人、实践育人、环境育人，它们有着各自的教育目的、实践的过程与教育方法和教育内容。文化载体有机结合文化育人的主客体与环境要素，并且将教育的目的、过程、方法以及内容巧妙地结合在一起，同时从某种意义上来说也是高校文化育人的主要渠道和途径。

1.课程育人

课程是任何阶段的学生获得知识与提升素养的重要途径，大学生也不外乎于此。大学生可以通过课程来进行综合素质提升与规划职业发展。作为文化育人三大活动载体之首的课程育人，也是大学生全面发展的最重要的渠道。课程育人，顾名思义，主要指的是教师通过课堂和课本传授、传递学生各种理论知识，同时还有思想、政治、道德知识的传授，其在文化育人发挥着主渠道的作用。

通过理论知识来进行育人的工作，需要有良好的课程育人的主阵地。首要任务就是哲学社会科学课程的建设，其主要包含马克思主义理论教育和思想政治教育。这类课程的育人功能是十分强大的，不仅可以使学生的道德意识增强、形成正确的价值观，还可以帮助学生养成良好的思维习惯。作为文化育人的重中之重，哲学社会科学的相关课程是立德树人任务完成的关键保障。

我国当下的社会正处于深化转型时期，这个时期的社会环境比较复杂，导致人们的价值取向迈入多元化。这对于高校的思想政治教育来说，是一项亟待解决的重要问题。无数的事实证明，理论不能够脱离实际。同样的，学校的理论教育如果不能够落实到学生与社会的实际之中，学生就很难接收到这部分理论知识，这就会导致课程育人难以发挥真正的作用。所以，只有将理论联系实际，关注大学生的发展，关注学生思想受到社会发展的影响，紧密联系理论与社会发展，才能够发挥课程育人的作用，并且真正地将高校学生的精神家园建设好。同时充分落实立德树人的根本任务，在教学的过程当中进一步明确人才培养目标的定位，突出以学生为中心的教学理念，不断改进、优化和完善教学的方法、内容、课程体系以及实践教学体系，强化学生创新创业能力培养，改革学生学业水平考核与评价，科学地对学生进行培养。需要在学生教学的过程当中充分融合立德树人，真正地把学生专业、全面、自主以及协调的发展进行有效的融合，培养基础扎实、视野宽、能力强、素质高，具有社会责任感、实践能力、职业素养、创新能力与终身学习能力的专业人才。

2.实践育人

实践育人是育人的重要途径之一，实践同时也是认识的来源。生活本身具有教育的意义，教育就是生活的一种形式，人们在生活中，与不同的环境进行活动而获得相应的认识，从而获得发展。

对于大学生来说，实践可以帮助其提升实践能力、增强社会责任感、树立正确的价值观。大学生在生活中实践的深度、广度与在实践中的理解是实践育人效果实现的关键。在学生的生活中，思想政治教育越是深入，就越可以发挥其真正的效果。大学生思想政治教育从实际情况出发，贴近学生和生活，以便于不断强调其生活实践性和人文关怀性。要想实现思想政治教育的实效性，需要大学生发挥其主体性。因此可以说融于生活实践是思想政治教育发展的内在诉求。

无论是文化价值观念的内化，还是文化价值观念的外化，均是文化育人所强调的，从某种程度而言学生需要进行文化行为实践。文化内化与外化是一个长期的的过程，需要融于大学生日常文化生活实践之中。目前学生有着知行不一的问题，解决这一问题的关键是在学生实践的基础上，真正地将实践育人的作用充分地发挥出来。

无论是实践育人的形式，还是实践育人的具体途径，在高校当中都是多种多样的。其中，实践育人最为基础的途径主要展现在以下两个方面。

将学生的日常教育与管理，以及各类主题教育活动和一日生活制管理作为抓手，利用主题教育资源，深入完善思想政治教育工作机制，以及创新教育的重要载体，除了有针对性地对高校学生进行生活养成教育之外，同时也要对高校学生进行一定的思政教育。

和学校社团建设活动进行有效、充分地结合，不仅以各级各类文化实践活动为着力点，同时也要以学习创新型组织建设为着力点，不断地对学生的意识进行强化，尤其是加强学生投身实践，以及努力践行社会主义核心价值观的重要意识，以便于更好地促进和培养高校学生的具体实践能力、创新能力。另外，作为思想形成与发展的来源，社会实践也需要学生大量参与。学生在社会实践中可以学习社会经验、更新思维方式、提升实践能力、提升社会责任感。

3.环境育人

利用校园文化环境育人即环境育人。目前对于校园文化的研究，最普遍的分类方法是将其分为物质文化、精神文化与制度文化三类，除此之外还有在三类基础上增加行为文化的四类分法等。校园文化的灵魂是精神文化，具体表现为大学中师生与教职工遵循的行为准则与价值观念。作为大学生思想政治教育的重要载体，校园文化不仅是培养学生创新能力的重要途径，同时也可以提升大学生的核心竞争力。从育人功能角度看，大学生思想行为受到校园文化潜移默化的影响，其对大学生不仅有着一定的导向功能，同时也有着行为规范和约束功能等。当校园文化从价值论的层面来看，不仅能够快速提高高校学生的文化选择能力、文化创造能力，对大学生进行文化熏陶，而且同时也能够对高校学生的精神文化进行有效的培养，使高校学生真正领略到社会主义先进文化当中的核心与精髓，并且从某种程度而言真正引领和促进社会文化健康发展。

校园文化具有系统性、融合共生性与价值蕴含性，其内容多样，对其分类的方式也十分丰富。但是当其作为育人载体时，常常以隐形的文化环境整体出现。校园文化环境是校园文化氛围熏陶功能的体现，主要是通过隐性、整体以及价值渗透的育人方式来进行的，需要注意的是，它的功能并不是说某一些人或事物对大学生产生影响，而是指校园环境氛围的熏陶，这种环境氛围是通过学校经过长期的积累与构建而形成的，并不是单一的人或者物的作用。所以，只有自觉进行校园文化建设，对校园环境进行优化提升，才能充分发挥环境育人的功能。教育部在 2005 年提出，高校在建设校园文化育人主阵地的时候，不仅要加强对校风、教风以及学风的有效建设，也要对校园的文化环境进行不断地优化，努力打造适合学生发展的校园育人气氛。与此同时，对学校的文化宣传阵地进行加强性的建设和有效管理，从实际意义上来说是对校园文化环境，以及文化育人阵地的主要要求。

高校想要真正构建良好的校园文化育人环境，必须按照以下几个方面来进行。

学校除了需要认真贯彻落实国家的教育方针之外，也要努力贯彻国家的教育政策。在构建校园文化育人环境的过程当中，坚持以社会主义先进文化作为主导与相关依据，以便于更快、更好地做好校园文化环境建设。

努力对高校的精神文化建设进行有效性地加强。挖掘大学在发展过程中的优秀精神与内涵，将这些先进的精神与学生的教育相结合，促使校园文化在大学生中扎根。

对各级各类校园亚文化环境如校园的物质文化环境、教学文化环境、管理文化环境、观念文化环境、行为文化环境、服务文化环境、学术文化环境、网络文化环境、媒体舆论环境等进行系统建设。

高校除了需要树立良好的校风之外，也要树立良好的学风。高校的领导在学校发展和建设的过程当中要做到依法治校和规范办学，不仅要努力树立良好的外在形象，也要通过各种途径努力提升学校的文化品位。

学校要将文化建设单位的育人主体作用充分地发挥出来，并且对校园文化建设的组织支撑系统进行相应的完善。

学校不仅要完善校园文化建设机制，同时也要完善校园文化育人长效机制。通过全方位的学校独有的校园文化的建设，塑造健康向上、积极进取的文化氛围，使学生的心灵得到净化，发挥其"润物细无声"的育人功能。

通过上面的介绍，我们已经知道高校文化育人的主要渠道和途径有三个，一是课程育人，二是实践育人，三是环境育人，并且只有让课程育人、实践育人和环境育人之间的优势互相补充，才能够系统地构成高校文化育人体系。课程育人是高校文化育人的最大渠道，它能以最为直接和全面最系统、规范和科学的方式将教育引导的作用充分地发挥出来；高校文化育人重要的第二课堂就是实践育人，作为理论教育的有效补充，实践育人可以帮助大学生从理论到实践，达成知行合一的教育效果。环境育人是校园文化环境对大学生产生的教育影响。虽然环境育人处于第一课堂与第二课堂之外，但是因为环境必然对于学生有一定的影响，其对大学生的育人效果不仅不能忽视，同时环境也具有无可取代的重要作用。

　　高校想要进一步提升文化育人的实际效果，除了要将课程育人、实践育人以及环境育人的优势充分地发挥出来之外，还要系统地将三者进行有机结合，进行协同育人。只有这样，才能够建设文化育人的三大主阵地。

第四章　高校三全育人机制——实践育人

第一节　高校实践育人的相关概念

作为对高校育人手段进行有效聚合的实践育人是一项综合性、整体性、系统性的工程。实践育人与教书育人、服务育人、管理育人有着密切的联系。

在哲学、社会学、教育学中，实践、育人、实践育人等一些词汇的出现频率较高，而且这些词汇在日常生活中也十分常见。但以往的研究对于这些词汇并没有进行系统、准确的界定，对这些概念的看法也不统一。因此，本节在批判继承以前相关研究成果，以及系统学习、参考和借鉴党和国家相关的实践育人的制度政策的基础上，将有效地结合马克思主义实践的基本观点和论述阐述实践育人的相关概念，对实践、育人以及实践育人的概念进行明确的界定。

一、实践

作为常出现的哲学与现实话题，实践的观点是认识论中最重要和最基础的观点，其历史十分悠久，早在古希腊时期就已经作为独立概念出现，实践在古希腊与罗马时期是一个泛理想化的美学概念。到了 18 世纪，康德，这位德国古典哲学创始人将实践作为社会现象引入哲学的研究之中。康德认为人在实践理想的有效支配下，最终的目的是努力追求趋向于完美性的实践。虽然如此，康德的理论仍有一定的局限性，他无法摆脱先验主义的困境。到了 19 世纪，德国的费尔巴哈在他的著作中多次应用实践这一词汇。作为唯物主义哲学家的费尔巴哈认为实践可以解决理论所不能解决的问题，实践与生活应该息息相关。

德国古典哲学大师黑格尔克服了康德哲学的局限，他将实践看作认识的必然环节，在认识论中引入实践，虽然推断实践是检验真理的标准，但受到唯心主义和资产阶级的限制，从某种程度上局限了实践观科学性的发展。因此，我们可以看出，针对实践的本质性问题，旧哲学是无法科学回答的。亚里士多德作为古代史上最伟大的哲学家，是第一个将实践内容划分为二元论的人，使得实践与创新有了一定的区别，并且指出了实践和技术性活动相比是完全不相同的。实践与创新虽然受到主体主观思考的支配，但实践又和道德存在相互关联的行为，所以也受到了明智的支配。创新以外部的目的为目的，受理智支配，是一种功利性的活动，实践本身就是目的，一切实践都以善为目标，它的最高范畴是善。亚里士多德把实践的基本意义理解为正确的行为，可以成功并且圆满地完成目的的活动。实践在亚里士多德的定义下展现了浓厚的人生意义与价值，开始变为一个哲学名词。

康德关于实践的观点对于之后人们对人与自然的研究有着巨大的影响，其提出了"理论理性""实践理性"的概念。费希特提出了"实践认知学"，他基于康德的实践观把主体创造客体称作实践活动，把客体作用于主体称作理论活动。黑格尔将实践概念进一步扩大，将劳动纳入其中，实践不再与技术活动或生产对立，他同时指出，实践在主观精神的阶段以意志的形式展现，实践的精神在外在自然中实现其目的与兴趣，德国著名的哲学家黑格尔认为时间是由主观认识向着客观真理进行转化的重要和必经环节。唯物主义哲学家费尔巴哈认为，人类所有的实践活动都是为了充分满足人类生存和发展的利己主义活动，并且理论具有相当的局限性与片面性。上述提到的哲学家对于实践有了充分的认识，同时该词的使用频率也较多。但是这些认识的局限性较大，对实践的概念也没有完整的、科学的理解，同时也没有形成系统的实践观。

综上所述，笔者认为实践的概念阐释如下。

（一）实践是人类社会存在和发展的基本方式

为了生存和发展，人类诞生后的首要活动就是通过改造客观世界来获得相应的生存资料，因此这种实践活动也决定了人的本质存在。同时，马克思认为这种实践活动是整个现存感性世界的主要基础。我们人类自身的产生以及生存的前提就是实践，通过各种实践，我们人类可以有效地和动物界区分开来。

除此之外，活动可以对客观世界进行一定的改造，无论是实践的形式还是内容都非常得丰富多彩、多种多样，其形式主要有经济、文化等。以上形式的实践活动，无论是主体、客体还是内容，均有着较强的普遍性，所以我们称为一般性实践活动。同时，从实践主客体以及领域不同的角度来看，也可以把实践活动分成很多不相同的类型，如经济型实践、文化型实践等。

（二）实践决定认识

我们都知道，认识发展的主要源泉和动力就是实践，同时实践也是我们人类所有认识的来源。除此之外，人类对客观世界进行改造的主要方式之一就是实践，在这一改造的过程当中，人类的众多认识就是通过各种实践最终成功转化为现实的。实践活动需要人与客观世界、事物接触，这样才能够让人们形成对客观世界、事物的影响，从而形成相应的经验，深化人们对于客观世界的认识。

直接经验来自人们对于客观世界改革的实践活动，只有这样，才能够形成人类的认识。可以说，实践并不是静止的，因此人们对于实践的认知也是在不断变化的，认识是由低级到高级、由浅入深、由片面到全面在递进的。人们实践活动的不断展开会使其对于客观世界的认识与经验增加，同时也会产生新的问题与矛盾，从而对现有的认识水平提出新的要求。

值得一提的是，人们在实践中取得了一系列的成果，这些成果不仅可以作为工具为人们提供新的研究视角与技术手段，而且还可以帮助人们获得新的认识。举个例子，望远镜与显微镜的发明帮助人们更加深入地认识宏观世界与微观世界。我国的特色社会主义理论随着社会主义事业的不断进步和发展，得到了相应的深化，并且中国特色社会主义的实践从实际意义上，又得到了深化过的中国特色社会主义理论正确、科学、合理的指导。

（三）实践是检验真理的唯一标准，也是认知发展的最终目的

我们都知道，检验真理的唯一标准就是实践，判断主观认识和客观实际是否符合，以及两者之间的符合程度就是通过对真理的检验。人的主观意识就是认识，不可以自行检测与客观认识是否符合，原因在于人的意识当中没有客观世界，它完全存在于人的意识之外，无论是人们主观认识的条件，还是人们主观认识的能力，都无法检验，所以也就无法真正作为检验真理的标准。

实践是客观事物与人的主观意识连接的桥梁，同时也是主观见之于客观的某种活动。检验和判断人的主观意识和客观事物是否相符，以及两者之间的相符程度，只能通过相应的实践活动。

认识发展的最终目的就是实践。认识活动不仅是我们人类获得认识的目的之一，同时也能够更好地指导人类实践。人类通过实践得到的认知，不仅能够使改造世界的过程更加有效，而且也可以为自身提供更为充分的物质文化产品，这也是认知的根本目的。

1.马克思主义实践观的两个要素

实践客体被实践主体在实践过程当中改造，实践改造客观世界，人类从中获得各种物质与精神产品，从而实现发展。

实践主体在具体的实践过程当中，除了实现自我改造之外，也可以实现自我发展的活动。人类通过相应的实践活动不仅能够锻炼自身的能力，同时也能够更新自身的认知，有效地改善自身的主观世界，最终真正实现主体的有效发展。

2.实践的基本形式

（1）生产实践

众所周知，生产实践就是对人和自然关系的活动进行正确、合理的处理。自然可以给人类提供生存的物质条件，同时我们人类也可以对自然进行改造，使得自然能够充分满足生产和生活的消费、流通等各种活动。除此之外，这些活动不仅是最为基本的实践活动，同时也是人类生存，以及开展和组织其余实践活动的基本前提。

（2）社会关系实践

人与社会关系、人与人的关系的处理就是社会关系实践，不仅包括人的社会交往和组织活动，同时也包括人的管理与社会变革关系的活动。在阶级社会当中，社会关系实践主要是通过阶级斗争的形式出现。当前，我国社会关系的主要内容就是改革开放事业。

（3）精神文化创造实践

从社会生产实践当中分化出来的实践活动被称为精神文化创造实践，不仅包含有以更好地认知世界为最终目的的科学研究，以及具有探索性的科学实验，同时也包含有以精神文化产品为直接目的的艺术活动和教育活动等。

由此，我们也可以看出，实践除了包括我们人类在社会组织当中有目的地认知以及改造世界的相关活动之外，从某种程度而言也包括人类改造客观世界的一切活动。实践具有直接现实性与物质性的显著特点，不仅是人类改造客观世界的一种物质性活动，也是人类的主观能动性活动。实践展现了人类的意志，通过实践活动将人类的目的与要求展现为客观现实。

二、育人

育人在我国有着很深的渊源。我国自古以来就十分重视育人。在汉语词典中，"育"有"生育""养活""带有目的的训练和指导"等释义，其核心是教育促进人的全面发展。

儒家在发展中逐步形成了仁、义、礼、智、信这一系统的教育思想。儒家经典著作《大学》提出了格物、正心、修身等一系列做人和育人的准则。儒家文化作为我国代表性的传统文化，其教育思想对于我国古代传统教育有着巨大的影响。

陶行知指出："先生不应该专教书，他的责任是教人做人；学生不应该专读书，他的责任是学习人生之道。"[1]即教师并不只是单纯地将知识传递给学生，还要教给学生为人处世的道理。徐特立认为："教书不仅是传授知识，更重要的是教人做人。"[2]除此之外，他还指出"经师"和"人师"共同构成教师，只有这样才可以真正实现教师的功能。陶行知与徐特立育人的理念是教人做人，同时他们还强调教育的首要工作是育人，并不只是教授知识。

育人是教育的本质要求与价值诉求，同时也是教育的关键灵魂。育人的教育理念不仅要求教育的出发点是人，还要求教育的落脚点也是人，由此我们也可以看出，教育活动的应有之义是育人。站在人的层面来看，育人不仅要将人的发展作为衡量育人工作的基本标准，也要将其作为价值判断，同时以人的完善和发展作为基本出发点来进行教育活动。育人作为教育的内在特质，是教育作为目的性和价值性活动的内在要求。

对于育人这一概念的理解可以从下面四个方面入手。

---

① 陶行知.行知书信集 [M].合肥：安徽人民出版社，1981.10.
② 中央教育科学研究所.徐特立教育文集 [M].北京：人民教育出版社，1979.02.

（一）育人是以人为本的理念在教育领域的体现

教育的实施者以及教育的承受者都是人，同时教育的基本主体也是人。育人和教育在发展的过程当中均需符合相应的发展规律，如我们人类自身在发展过程当中的规律，以及教育和社会的发展规律。以人为本的价值取向在教育领域中表现为教育活动要以人为最终目的，并且要对人的尊严、价值和意义给予足够的重视，因为这不仅是人的共性，同时从某种意义上来说也是我们人类自身本能性的追求。

人类这一主体有着自身的发展规律，作为社会的基本构成主体，不同人的发展程度与发展需求各不相同。需要注意的是，所有教育对象均处于发展的过程当中，这也是教育对象显著的特征之一。促进人的全方位发展是教育的根本任务。作为社会实践活动的教育的根本任务就是培养人，任何教育想要从个人和社会发展的相互协调和促进中获得极为有利的条件，都必须通过育人这一实践途径。因此，育人可以充分展现出以人为本的理念，同时也是充分实现以人为本理念的关键途径和方法。

（二）育人以"人"为根本出发点

教育旨在实现人的发展，本质是促进人的全面发展。育人为本的理念强调人在教育中的主体作用。培养什么人、怎样培养人是教育需要关注的根本问题。教育价值取向和教育实践追求都应该更加关注人，所以，"人"的概念是首先需要厘清的。我们人类自身除了是具体的社会存在之外，也是教育最基本的对象。在育人的过程当中每一位教育工作者要对人的社会化属性予以充分的尊重，要对每一位教育对象的差异性、普通性以及特殊性有所认识。教育工作者在育人的工作当中，只有从学生的实际情况出发，才可以真正实现预期的育人效果。

（三）育人以"育"为核心

众所周知，我们人类自身除了是生命物体之外，也是社会存在的关键物质基础。个人生命的存在从某种意义上来说是全部人类历史的首要前提，并且人类自身具有一定的社会性，因此还会有其他的社会化属性。作为人类实践的一种，教育活动可以帮助人们完成社会化进程，并且是在自然的基础上进行的，最终促使人们从自然人向社会人转变，逐渐成为一个比较完善的人。由此也可以看出，教育能够更好地育人，让人变得更好。因此，育人就是教育的关键核心。人的全面发展离不开育人的有效完成。

（四）人在育人中处于主体地位

教育作为实践活动之一，最终目的是促进和推动人的全方位发展。育人为本的理念除了包含以人为本的价值取向之外，也包含了强调人的主体性的价值取向。

我们人类自身在实际的教育活动当中，不仅是认识和实践的主体，从某种程度而言也是自我发展和构建的主体，因此教育活动从另一层面来说要促进人的主体性发展，简单来说就是要对人的主体性给予充分的尊重，不仅要将教育发展的基本规律、人发展的基本规律体现出来，同时也要将人的主观能动性以及人的主体性凸显出来，从而真正实现人的全方位发展。同时，育人为本的"教"与"育"也充分展现出育人为本理念当中人的主体性。

教育是把价值引导和自我构建两者结合在一起的育人活动。教育当中的"教"具有对教学对象培育的意思，由此我们可以看出"教"也具有"育"的意思。假如摒弃了受教育对象，那么无论是主体性的自由构建，还是主体性的自我完善，教育的最终目的都无法真正地实现。在发展的过程中虽然会受到外部施压的影响，但主题应该是促进和充分改善受教育主体，进一步自我构建和改善具体实践活动的相关过程。在教育的过程当中想要真正实现育人的根本目的，除了要将教育者的主体作用充分地发挥出来之外，也要使教育者和受教育者两者之间相互协调和配合，从而真正地实现人的全方位发展。

育人应始终坚持以人为本的基本理念，以及以学生和教师为主体和主导，不仅充分尊重教育的基本规律，也尊重学生的个性以及身心发展规律，在对学生教育的过程中利用各种教育手段，对学生的潜能进行充分的挖掘与培养，并且从多个方面，如思想品德、能力素养等，全方位地教育和培养学生，除了持续地提升学生的综合素质能力之外，也要不断地提升学生的可持续发展能力，使学生成为符合社会主义发展的建设者以及接班人。

三、实践育人

实践育人作为具有导向性以及综合应用型的实践活动，能使学生根据已经获得的知识、经验等，并凭借自身的能力投入与自身发展相关的活动当中。同时，实践能够进一步提升学生的思想道德水平，也能够培养学生的团队精神与创新精神，最终使学生不仅成为具有高实践能力的优秀人才，也可以成为具有高创新与合作能力的优秀人才。我国在社会发展过程中坚持教育为本和服务于民，并且为社会主义现代化建设提供相应的服务，培养出全面发展的高素质人才，使其生产劳动与社会实践有机融合，为共产主义事业做贡献也一直是党的教育方针。

在高校学生成长的过程当中，实践有着极为重要的意义，除了能够为其提供平台，让学生尽情施展自己的才华之外，也可以全面推行素质教育，让大学生更好地迈向社会，实现自身的社会化。努力加强高校的实践育人的具体工作，不仅能够加强高校学生为国家和人民服务的历史使命感，同时也能够使得人才培养的质量大幅度提升，使教育教学得到不断深化，从而更好地促进和推动国家经济发展方式的有效转变，更好地建设人才资源强国和创新型国家。

作为高校思想政治工作的重要途径，实践育人是贯彻党和国家高校育人政策的重要举措。因此需要不断推动高校的理论教育与青年的实践养成相结合，进一步提高高校实践资源整合能力，通过各种努力将实践育人协同系统构建好，并且积极指引和引导高校学生在实践的过程中增强实践能力，充分树立国家情怀。

实践育人在实际的发展过程当中要充分遵循教育发展的相关规律，接受教育者得到的相关理论知识以及间接经验，并且在实践意识的充分指导下将受教育者的主观能动性充分发挥出来，同时正确引导和指引受教育者通过各种理论教育知识以及相关生活经验，努力完成特定的目标与任务，最终大幅度提高受教育者的综合素质，并且逐渐形成科学教育理念与可操作的具体方法。

第二节　高校实践育人的功能分析

一、激励与引导功能

高校实践育人可以帮助高校学生在社会责任感方面得到进一步的增强，同时也可以不断激励高校学生积极进取，引导大学生为实现中华民族伟大复兴而奋斗。

作为国家未来的栋梁，高校学生应不仅是推动社会发展的重要核心力量，同时也应是促进社会进步的中坚力量。高校学生应成功融入人民群众当中，并且积极参加基层实践、社区实践，从而认识社会发展情况以及现阶段社会的主要矛盾，倾听群众的发声，认清当代大学生的历史使命，从而激发奋发向上的积极性。教育工作者应该让现代大学生想时代之所想，急时代之所急，以主人翁的姿态投入学习与生活中，广泛提升各种技能与综合素质，为社会主义现代化建设而奋斗。

作为国家宝贵的财富，大学生是未来社会主义事业的建设者，是民族的希望。高校可以通过多样的实践活动来对大学生进行主题教育，使大学生进一步地认识中国共产党在抗日战争、解放战争、社会主义事业建设中的辉煌成就，从而让大学生深刻了解历史发展规律，认识我国在中国共产党发展下走社会主义道路的必然性。高校的这些做法不仅能够有效地指引和引导学生树立正确的世界观、人生观与价值观，将学生个人的成长、成才的需求、国家的需求充分地结合在一起，将努力实现共产主义远大理想同实现中国梦努力奋斗结合在一起，始终坚定高校学生在社会主义事业建设当中的理想信念，使大学生不仅能够成长为社会主义的建设者，也可以成为社会主义的接班人。

二、熏陶与辐射功能

大学生是高校实践的主体，大学生在实践活动中可以对其思想与言行产生熏陶作用，同时对社会与学生群体产生辐射作用。

实践育人工作强调大学生这一实践主体的体验性与主动参与性，以主观见之于客观的活动为载体。人的思想品德是基于社会实践的主客体因素相互作用、相互协调的产物。在各种实践活动中，大学生会接受组织者的设计与安排，同时随着实践团队接受实践育人所蕴含的思想，深化对时间内容的认同，从而达成实践育人的目的。实践活动会对大学生大局意识、奉献意识、集体合作意识与动手能力、创新思维、创新能力有更高的标准与要求，大学生在完成既定的实践目的之后，无论是意识还是能力都会不断得到增强，并且内化为高校学生的行为习惯以及价值认同。同时，高校学生的道德以及情感意志会进一步增强，随着长期的发展逐渐内化为学生的良好品质，使得学生在品格情操以及思想境界方面得到相应的提升，从而正确、有效地指引和引导学生向着健康的方向成长。

国家的发展需要创新型人才，高等教育的目的也是如此。作为民族的灵魂，创新是国家兴旺发展的原动力。大学生能够通过具体的实践来提高自身的创新能力，如创新思维、创新意识等，从某种程度来说，创新能力不仅是综合素质的对外体现，同时也是个人能力的外在展现，判断能力、观察能力和推理能力等多种能力培养出了这种创新能力，其包含有三个方面的内容，分别为创新技能、创新思维、创新人格。获取创新技能不但可以使学生融会贯通，增加知识积累，将理论知识用于实践，还可以使学生在实践活动当中对精神以及意识进行有效的创新。同时，创新意识作为创新能力的关键核心，它的成功塑造不仅离不开教育，也离不开正确的指引和引导。需要注意的是，实践和理论是完全不相同的，实践具有现实性、多样性与多变性，学生在实践中可以获得多种不同的体验与认知，但是当他们审视自己的理论认知，发现与现实不同时，便可以通过创新意识来寻找答案，这就是创新意识。

综上所述，实践就是高校学生创新意识的主要来源。另外，创新活动作为一种对未来世界寻觅与想象的革新，特别是个体对于个人与社会价值的创新与创造，可能需要经历波折和坎坷的历程，创新除了需要一定的力量和勇气之外，也需要创新精神和创造精神，而这些优秀的精神只有在具体的实践当中才能够不断地锻炼与提升。

通过实践育人，大学生的成长会为学校和社会带来辐射作用。在实践活动中，大学生展现的良好品质与风貌会对校风等产生一定的影响，从而提升校园文化的精神层次，促进大学生的成长。举个例子，目前大部分校园都开展了志愿服务活动，大学生纷纷投入到志愿活动中，并且开始逐渐追求志愿者的友爱、进步等精神，成为大学生群体中的时尚行为。另外，大学生通过实践活动展现出来的乐于奉献、勤奋刻苦的精神有助于提升社会道德，同时还可以促进社会主义核心价值观在人们心中的理解。与此同时，社会道德水平也会反作用于大学生，使大学生可以在良好的社会环境下进行实践，从而实现二者的健康发展。

三、教化与规范功能

高校实践育人具有教化与规范功能，可以使大学生的身心素质与人格得到健康发展，实现教化的目的。所有人的品德都是在一定的环境条件下形成的，大学生也包括在内，而且人的品德在各类实践活动中会得到加强。在我国现阶段的高校中存在的一个普遍性的问题是高校大都重视专业知识的传授，而忽略道德的培养；重视理论的传授，而忽略实践的教导，长此以往，培养出来的学生必然难担大任。这种情况下培养出来的理论巨人、实践矮子不但难以在为社会发展贡献力量，而且也难以实现自身的全面发展。而实践活动可以培育学生的道德与实践能力，使其接受思想上的教化与规范。在实践中，大学生的创新意识也会得到增强，可以将理论联系实际，实现知识的有效利用，从而提升认识水平，实现育人的教化功能。

大学生在参加实践的过程中可以培养其纪律意识、团队意识、服从意识与合作意识。实践的策划者、组织者需要综合考虑大学生的特点，设计合理的运行机制、考核评价方法、工作规范等，这些不但可以使实践活动得以规范地进行，实现教育活动本身组织化的要求，还能为学生的社会化提供前提，这是由实践的社会同构性这一特点决定的。高校实践育人作为帮助大学生适应现代社会的具体活动组织形式，除了从本质上规范实践育人活动的组织和开展之外，也在一定程度上面对参加实践活动的大学生具体实践行为提出相应的规范，这就是高校实践育人活动的规范功能。

实践活动通常都是由多人完成的，在集体中，大学生不能够单打独斗，还需要与同学进行团队合作，这就需要大学生具有沟通技巧、团队意识、合作精神，处理好自身与多方面的关系，对大学生的社会化规范教育产生重要的影响。大学生在实践中都是作为一个社会人来参与各项实践活动的。只有遵循一定的行为规范，才能顺利地完成实践任务。经过实践之后，大学生可以自觉地规范自身的行为，实现自身的成长。

教育旨在培养有道德、有品质的学生，同时让学生变得更加聪慧。如果培养出来的学生没有道德，只有知识，那么其不仅对社会无用，甚至会危害社会，如利用高科技实施犯罪的情况不胜枚举，这些犯罪对于社会危害的深度与广度都十分巨大。因此，在培育大学生时，需要对其道德素质进行针对性培养，实践就是重要的途径之一，对于道德认知、道德行为、道德品质、道德感情有着十分重要的作用。实践不但能够使道德知识得到有效利用，还能够促使学生既有知识的认同与提高。大学生经过实践后，可以通过体验使自身的道德情感得到升华。一种情感是感性的道德体验和认识，只有使道德意识升华为一种控制力与约束力，才能够保证道德行为的准确。在实践中，学生会遇到多种多样的困难与诱惑，学生在这个过程中要不断地坚守规范、强化道德意识，从而提升道德品质。一个人的思想道德品质从整体层面来看，要通过具体的实践来进行相应的整合、筛选以及取舍，并且充分依据自身在情感方面的诉求，始终坚定自身的意志品质，只有这样才能够成功塑造自身充分符合社会价值的思想道德品质。

四、提升与发展功能

实践育人可以与课堂上教师传授的理论知识进行有效结合，从而使学生全面发展，因此，实践育人是提升大学生综合素质的有效手段。

大学生学习的内容包含理论知识与实践活动，如实际训练、生产实习等都是其重要组成部分，特别是对于理工科与一些社科类的专业，实践的作用不言而喻。学生可以在实践中巩固所学知识，获得新的认识，再反馈到实践中，提升对专业知识的综合掌握和运用能力。另外，实践可以提升学生的专业认同感，提升学生的学习兴趣与积极性，培养其创新意识、创新能力、求知精神与钻研能力。

大学生的自主性与能动性可以在实践中得到有效体现，在一些实践活动中，大学生要根据自身的情况来选择活动开始时间、地点与方式，并且做出针对性的计划，争取资源为活动的展开提供帮助，以克服多方面的困难，最后做好反思与总结。学生的创新精神、思考谋划能力和独立解决问题的能力等会在实践中得到强化与发展，同时主体意识与能动性也能得到挖掘与锻炼。正是在实践中，大学生的实际动手能力、独立思考能力、创新能力等得到了提升，实现了综合素质的全面发展。

在经济全球化的环境下，大学生的综合素质也需要得到有效的提升和发展。除此之外，国际局势和以前相比较也变得更加复杂化与多样化，为了更好地应对，必须充分考虑到对国家未来发展的影响，以及对社会主义事业发展走向的影响。其一，高校学生积极参加各种实践活动，能够大幅度提升自身在思想政治方面的素质，原因是实践不仅对高校学生具有正确价值观的引导作用，同时也具有一定的政治史理念指引和引导作用。其二，实践活动能够将各方面的积极性和主动性充分地调动起来，为高校的实践育人开辟更多的道路，从而使高校学生树立正确的思想观念。

教育部要求各高校都应设立"思想道德与法律基础"等相关课程，这些课程需要教师对学生进行详尽的知识传授。目前我国高校大学生的政治与思想道德素质不够深入，因此我国的各个高校均应该配套实行具体的计划，赋予日常思政教育更为深重的意义，并且配备专门的辅导员负责，从实际发展情况来看，这对当代高校学生的思政教育以及快速提升学生素质有着极为有利的影响，可以说达到了双管齐下的目的。相对于理论学习而言，实践的趣味性更强，可以实现大学生思想政治素养的提升，同时实践的形式更加丰富，可以使学生在沉浸中学习，给学生带来巨大的冲击。需要注意的是，实践还可以提升大学生对于政治理论的广泛认同，提升其思想政治觉悟。

现阶段我国多数高校都在开展实践下乡活动，促使学生深入基层体验我国基层的变化，这样除了可以大幅度提升学生对社会主义的认同感之外，也可以将实践育人的优势充分地体现出来。学校想要全面、系统地提升学生在思想道德方面的素质，除了学生自身的努力之外，也需要社会上的团体与组织共同努力，通过情景再现的具体方式，将个人的独特想法在实践当中真实地还原出来，最终让完全不相同的人内心产生相同的体验和感受，提升认同感。

第三节　高校实践育人的现状分析

将改革开放定为我国的一项基本国策后，我国对于人才的要求和以前相比逐渐变高。实践育人在我国各个高校的实际人才培养当中的重要性越来越突出。对于高校实践育人的情况进行总结，对其中出现的问题进行反思，有助于改进实践育人工作。

一、高校实践育人现存问题

经过多年的发展，高校实践育人工作越来越完善，在制度建设、基地培育、项目开展等方面积累了深厚的经验。实践育人工作是高等教育的重点，目前虽然已经取得了一定的成效，但在很多层面还需要进一步完善。

（一）高校实践育人缺乏顶层设计和统筹实施

在我国相关教育部门的有效监督下，各个高校越来越重视实践育人的环节，但是目前实践育人工作中缺乏顶层设计，同时统筹推进的手段也比较缺乏。

单纯地从学生成长、成才的整个过程，对实践育人工作的意识以及实践育人工作的能力进行统筹设计是完全不够的，除了缺少专门针对各个不相同年级、群体特点的具体实践育人安排之外，在对实践育人工作进行正确谋划的时候也缺少整体视角，而且实践育人和其他育人方式没有一定的协同性，所以实践育人在实施的过程当中没有取得比较好的成效。

（二）社会实践活动多但成效不明显

现阶段，高校社会实践活动随着政府支持力度的加大变得十分丰富，但是从整体上来看，效果依然不够明显。

学生的社会实践活动应使其达到学会认知、学会做事、学会共处、学会共存的效果，即"四个学会"。但是目前的大学生社会实践活动尚未达成"四个学会"的目标。导致大学生社会实践活动效果不明显的深层次问题可能如下。

从社会实践活动的相关理论的具体指导层面来看，高校学生的具体社会实践活动和理论存在脱节的可能性，在学生社团、实践、社会考察等实践活动中，思想政治理论课教师的参与度较低，那么学生运用理论知识解决问题的效率也会变低。

从社会实践活动的参与主体来看，参与社会实践的一些大学生可能态度不端正、动机不纯正、具有功利心，将社会实践活动看作获奖评优的渠道，这些大学生的目的不纯，自然导致社会实践的效果不佳。

从社会实践活动的组织开展来看，往往是注重实践形式而忽视活动内容，注重汇报成绩而忽视活动反思等，注重包装宣传而忽视活动质量，致使社会实践只是走走过场，流于形式，难以达到预期效果。

（三）多方协同的实践育人机制尚未形成

实践育人是学校、家庭、社会多方面积极参与、合力推动的一项重要工程，不是学校单独的工作，更不是思想政治教育理论课教师的责任。家庭、学校、社会等各方面都要为大学生实践育人而服务，使大学生在社会实践中进行锻炼、提升能力，从而成为对社会有益的人才。但是在实际的育人工作中，家庭、学校、社会存在着不同角度的问题。

二、高校实践育人现存问题的原因分析

（一）实践育人的地位作用认识不够到位

现如今，我国各个高校实践育人工作的开展中出现了很多的问题和不足，造成这些不足的原因可能是学生个体、家庭、学校和社会等多方面对实践的认识不到位。

1.高校的认知不足

第一个原因是高校对于大学生实践活动的认知不足，没有意识到大学生实践对于培养综合素质较高人才的重要性。

随着社会的进步与经济的发展，科学技术也在不断进步，对于人才的要求也在不断地完善，大学生作为社会主义现代化的建设者，是祖国未来的接班人。因此，高校对于大学生的培养不仅要使其具有充沛的理论知识，同时还要有扎实的实践技能。但是由于高等教育受限于传统教育理念，现阶段仍然存在着重理论而轻实践的问题，还有一个重要的问题是其并没有足够重视学生的思想道德素质教育。高校在组织和开展教学的时候有很多优先考虑的因素，如教师安排、课程设置等。无论是设定考核还是评估标准，都在理论知识方面设置较大比重，实践所占比重极小，在硬件方面，一些高校的图书馆建得越来越庞大，但是没有足够的场地供学生进行实践。这些问题归根结底是认识上的不足，所以高校要从决策和工作组织上充分认识实践在工作中的重要性，这是解决问题的必由之路。

2.大学生对于实践的重视不够

大学生大多数时间都在校园内活动，很多精力也都用在校园生活之中。局限在一定的空间内，与外界的接触的机会不多，生活的模式比较单一。加上一些高校并没有大力宣传实践活动，所以大学生对于实践并没有深入的认识和了解。

大学生对于实践重视不够的另一项重要原因是目前我国的教育十分重视成绩，在这样的背景下，大学生将成绩作为重要的目标。就算学生意识到在当下竞争激烈的社会中即使有很丰富的理论知识，不能够将其应用到实际也无济于事，但是在目前高校考试成绩与奖惩机制的作用下，学生还是将更多的精力放在理论学习中。需要注意的是，目前社会中也有一些错误的思想在间接地影响大学生，

大学生在漫无目的地考试上浪费大量时间，认为证书的多少可以看出一个人实力的强弱，导致无法将更多的精力投入到实践中。

3.家庭在认知上存在的偏差

现阶段00后已经成为我国大学生的主力军，而且他们大都是独生子女，作为独苗受到家庭的爱护，父母不希望学生去参加多种多样的实践活动，并且他们大都非常重视理论和技能，轻视实践，学生长时间在这种思想的影响下，成长会出现一定的缺陷。一些家庭即使认同实践的重要性，也很少让学生参与其中，所以学生在实践中存在不协调与眼高手低的问题；一些家庭认为学生在学校学习的只是理论知识，而实践就是做无用功；还有一些家长虽然知晓现代社会已经不同以往，大学生需要在新的环境中提升实践技能才能明确自我定位，但依旧不鼓励学生参与各种各样的社会实践活动，这也说明他们在对实践育人功能的认识上还存在一定的缺陷。

4.社会在认知上存在偏差

高校可以为学生提供实践的平台，同时为学生提供帮助与支持，但是目前社会上的一些单位认为大学生实践对于自身来说没有效益或者效益很少，只是一种流于形式，而且极为浪费时间的工作，因此对高校学生组织和开展各种各样的课外实践活动持不赞成的态度。

（二）实践育人的内容和形式缺乏创新

高校虽然为学生提供了实践机会，但是方式比较枯燥，使大学生不能全身心投入其中。目前常见的大学生社会实践活动有社会调查、社会参观等，这些实践活动大都需要学生消耗假期时间，实践的内容也较为枯燥，而且只要撰写一篇调查报告就算完成任务，学生在这样的实践活动中学到的内容十分匮乏。因此需要开辟实践育人的新形式与新内容，如鼓励支持学生申报科创基金、开展项目设计、开放实验室、提供"试科研"机会等，这样可以提升学生的实践认识，使学生在丰富的实践形式中提升实践能力，以及理论联系实际的相关能力。众所周知，学生学习理论知识的重要渠道和途径之一就是课堂教学，学生充分运用理论知识的重要阵地就是社会实践，二者只有结合起来才能够使学生成为全面发展的人，而目前大学生理论的学习与实践的应用是脱节的。

（三）实践育人的运行机制存在薄弱环节

机制是运行的保障。高校实践育人经过多年的发展，仍未建立有效的运行机制，这是高校实践育人工作中出现问题的根源之一。

1.不健全的组织机构

多级的层级管理、各个部门的合作和实效性的支持是完善的组织结构的必要构成，但目前高校的实践育人工作缺乏这样的组织结构，各部门缺乏沟通、相互独立。举个例子，组织学生实践活动的是学校的团委，实践活动需要资金，团委需要向财务部门进行申请，但是财务部门有着自身的原则和分配方式，所以很难承担实践活动的全部开支，因此实际得到的资金与申请的款额的差距较大，这就会导致实践的时间缩减，以及实践的机会严重减少。

2.缺乏相应的监督机制

完善的监督机制是保证任务完成的关键。高校实践育人环节的监督机制存在着不健全的问题，这导致育人工作流于形式，表现为对学生实践行为成果的监督不力。学生参与实践的方式多种多样，而且地点与实践可能较为分散，学校没有足够的资源投入实践的监督之中，举个例子，学生在暑期实践中自身寻找实践单位，一些学生敷衍了事，随意找单位进行盖章，而学校并不能对这种行为实施干预与监督。

3.考评机制不够科学

科学的考评机制应该将定性考评与定量考评有机结合。定性注重对物质的视阈，定量注重数量，二者都具有优点与不足，因此只采用一种考评方式是不合理的。

目前很多高校对于学生实践的考评仅限于考查学生的实践报告与实践论文，在这样的背景下学生也只关注自己的成绩，此种定量考评虽然可以对学生参加实践活动的质量进行检验，但是会产生一定的偏差。除此之外，高校思政理论课的实践学时并没有具体的考评标准。因此，一定要将定性和定量相结合起来建立考评机制。

考评机制是否完善关乎实践育人工作的进程，各高校们需要不断地建立更适合本校实际情况与学生发展水平的考评体系。

（四）实践育人的保障机制有所欠缺

资金是保障机制运行的关键因素，资金匮乏会使实践教育活动受到严重影响。随着时代的进步和科技的发展，我国高等优秀人才的培养对资金方面也有了一定的要求，需要有大量的资金支持。首先是课堂教育，目前课堂教育方式已经不再是教师讲、学生听的模式了，而是教师运用多媒体等现代手段进行课堂教学，这就需要充足的教育资金投入。其次是教学实践，随着教学的深入，实践的内容与形式也有很大的改变，作为一项社会性活动，实践的消费比较大，特别是在高等教育普及之后，数量庞大的大学生参加实践活动，需要的资金无疑是一笔巨大的花费。上述两种情况会引发理论课和实践课两者之间教学资金的不良局面，原因在于传统的教育模式大多数为填鸭式教育，不注重学生实践能力的培养，所以课堂教学的比重巨大，这就导致资金更加向课堂教学倾斜，难以保障实践育人所需的资金，导致实践育人效果不佳。

指导教师不足是实践育人受到阻碍的另一个重要因素。目前我国高校存在师生比不足的现象，很多教师由于理论课教学任务繁重与学术研究压力较大等，很难投身具体的实践育人工作。另外，由于实践育人的实践性、特殊性、复杂性，对于教师的要求较高，需要其具有较强的教学实践指导能力与动手能力。现如今我国高校教师从事的各种生产活动，可以说基本上都在高校内部，因此高校教师的研究转化率较低，再加上教师很少与企业进行沟通，导致他们很难在企业实践中提供指导。

实践平台是大学生进行实践活动的重要载体。现阶段我国的一些高校已经有了自己的实践基地和平台，而且社会上也有专门供学生实践的场地，但是目前大学生的实践需求较大，这些平台不可能全部容纳下数量巨大的实践人数。即便高校内有实践平台可以使用，但是资金与指导人员的缺失也会使实践活动的开展受到影响，一些学生社团也是如此。因此，当下的多数高校中很少有范围广、学生积极性强、便于操作的实践教育平台，学校的实践教育平台通常只能使学生提起一时的兴趣，然后就石沉大海了。而校外的实践平台开设的目的是满足参观的需要，大学生在其中实践的机会少之又少，育人效果不明显，学生的实践能力不能得到真正提高。

第四节　高校实践育人的路径优化

作为高校育人的重要部分，实践育人应该积极建立教育体系、寻找教育规律，高校也要规划具体对策，从而促使家庭、学校、社会形成育人方面的合力，从而达成目标。

一、坚持实践育人的原则

原则可以帮助人们把握规律、克服负面影响。

（一）主体性原则

在教育过程中，教育者与受教育者都应该充分认识到学生的主体性，学生的主体地位需要体现在教育过程中，同时要提升学生的学习积极性。现代实践育人不同于我国古代传统教育模式，其根本点在于育人，这就要求教师尊重学生，平等看待双方的地位。在传统的师生关系中，教师不仅占有指导地位，而且还占据主体地位，学生的主体性不能得到充分发挥，教师向学生填鸭式地灌输理论知识，师生之间互动很少甚至没有互动，导致学生的自主学习能力、创新能力都比较差，无法满足社会的需求。高等教育为了满足学生发展的需要，要努力探寻和发展一种全新的教师和学生教学相长的互动模式，即教师转变角色，作为教学工作的组织者、策划者与指导者指挥学生学习，学生则是要充分发挥自身的主观能动性，积极参与到育人之中。

（二）系统性原则

在现代系统论当中，系统作为有机整体，有着非常特殊的功能，并且是由各种不相同的要素按照一定的顺序构成的。由于学生观念的确定与道德的形成都需要很长的时间，所以可以说实践育人是一个系统的、长期的过程。因为，每一位学生都是独立存在的个体，学生与学生之间有着很强的差异性，这就导致了不同的学生无论是家庭环境还是性格都是各有千秋，所以教师在面对学生的时候，应该将其成长阶段作为一个有机整体，并且把实践育人的作用充分发挥在学生的每个发展时期。高校则需要在实践育人中起到总领全局的作用，使用系统的视角有机结合实践育人与专业教育，创造出学生发展的有利条件。

高校实践育人活动需要多方参与，有学生、学校与社会单位，只有坚持系统性原则，才能够达成各方面的协调。系统性原则将高校育人工作的进一步推动全部涵盖，并且把高校的众多部门和各个实践环节关联在一起，无论是运行的机制，还是运行的组织，都在这一环节当中，最终使得比较零散、无秩序的工作程序形成一个比较系统和全面的实践教学活动。

（三）时代性原则

实践育人作为思想政治教育的重要途径要遵循时代性原则，因时而进，因时而新。实践是理论的来源，理论的获得需要以实践为基础。因此学校不能仅对课堂教学下功夫，还需要紧紧把握实践育人这一重要教学模式，通过实践育人，使学生提升能力和素养、树立创新意识。遵循时代性原则，实践育人工作有助于实现立德树人这一教育的根本任务，在日常教学设计中融入中国特色社会主义思想，使实践育人获得发展。

00后作为当代大学生的主力军，成长的环境与之前有着很大的不同，他们接触的事物更加丰富，所以思想与行为有着不同以往的特点。假如使用传统的教育方法，00后的学生势必会感到不适应，那么会导致育人效果大打折扣。因此高校育人工作正面临着严峻的形势，在这种背景下，实践育人不能够停滞不前，需要基于现状，利用科技进行实践育人内容、方法、形式的创新，并且采用更容易被00后接受的方式增强其对于实践的关注度，更好地完成实践育人的任务。

（四）全员化原则

作为一项系统性的工程，高校实践育人工作十分庞大，但目前我国各高校并没有形成全员育人、全方位育人、高度重视教育的工作格局，仅仅依靠一些人和部门的努力在孤军奋战，而且他们之间的联系也十分松散。这样的状况持续下去，不但会导致实践育人工作效果不佳，教师的工作热情会受到伤害。所以，学校要整合能发挥力量的各部门到实践育人的体系中。

国家的发展需要青年的担当，只有青年一代有担当、有理想，才能够实现国家的发展目标。大学生则是最有朝气和发展可能性的人，同时教育工作的根本性问题就是高校培养什么样的优秀人才，以及怎样培养和为谁培养，学校教育的重要目标就是培养有理想、有道德、有文化、有纪律的新人，所以高校需要贯彻全员化的原则，进行实践育人，调动学校各部门，共同构建教育工作体系。在课堂上传授理论知识，在课外进行实践教学，使大学生成长为符合国家发展要求的人才。

（五）社会化原则

教育社会化指的是教育除了需要和社会完美地结合在一起，也需要调适社会心理，最终达成和社会相容的具体过程。在教育先辈们的努力之下，我国实践育人已经取得了一定的效果，但是随着经济社会的发展，社会化的程度越来越高，需要对实践育人进行进一步的改革。传统观念认为，教育是学校的任务，与社会并无太大关系，可是社会化的程度越来越高，学生学习的手段也在不断丰富。所以高校实践育人工作不能够仅仅在有限的校园内进行，而是需要扩张到学校之外，将视野转到社会上去，使之成为社会全体成员全都参与其中的教育模式，利用丰富的校外教育资源来为高校实践育人提供场所与帮助。

二、建立以高校为中心的实践育人耦合机制

实践育人工作不仅仅是学校的一项重要工作，而且还是一项需要各部门与社会通力合作来进行的工作。

（一）党和政府发挥好顶层设计师的指挥棒作用

在改革开放之后，我国的综合国力得到巨大提升，并且在国际上面的影响力也逐渐增强，这些变化和社会主义劳动者提供的社会生产力有着极为紧密的关系。众所周知，先进的科学技术就是国家的第一生产力，并且科学力量就是社会劳动生产力，所以社会的发展与进步离不开对各行各业人才的培养。国家正是在牢牢把握这一关键点的基础上颁布了一系列的政策来确保我国高等教育可以持续性地产出优质的人才。

站在政治社会学的层面来看，政府控制着社会资源的分配。第一，政府有着强大的力量，可以为高校提供足够的资源，以保证育人工作有效进行；第二，政府有着政权优势，可以为实践育人提供政策支持与制度保障；第三，作为国家运行的重要力量，政府需要鼓舞社会各界来为高校教育人发展提供帮助，这也是政

府的义务。

1949 年中华人民共和国成立后，我国政府一直十分重视教育工作，发展多方的力量来为高校实践育人提供帮助，发挥自身指挥棒的引领作用，坚持做好顶层设计师，制定一定的政策与制度来保障高校实践育人活动在社会上有效进行，对于积极响应号召、为实践育人工作提供资源与帮助的单位给予一定的政策倾斜与优惠。在政府的帮助下，高校实践育人工作有了强力的支撑，并且实践育人在多方面的配合下，也必将得到一个全新的发展，迎来新局面。

（二）高等院校落实好实施主力军的主导性作用

因为高校具有教育工作者等多方面的高素质人才，因此高校是实践育人重要的倡导方与组织方。同时高校还可以为实践育人工作提供一些实践性的岗位，如学生会、各种社团组织等。高校在完成课堂上理论知识的传授外，还可以在相关政策要求下通过有计划、有目的、有重点的教学安排，完成各种实践育人活动。大学生在教师等的指导下将课堂上学到的知识运用到实践当中，体验理论来源于实际，并且反作用于实际，同时也可以对实践活动设计者最初的设计心意产生深切地体会和感受，真正地融入教育的内涵当中，不仅可以为学生在进入社会之后提供经验积累，同时也可以提供相应的素质基础。

为了实现实践育人工作的统一领导，要建立实践工作小组，组长由主要领导来担任，这个小组对于大学生实践育人工作的顶层设计和统筹协调要全权负责。具体来说，高校的众多部门，如教学部门、学工处等一起组成实践育人组织部门，并且始终坚持由学校党委来进行统一的领导和管理，从而最终形成以专职教师为核心的协作机制，该协作机制主要包含学生会、班主任、学院辅导员等。通过各个部门的协同组织与积极配合完成实践育人工作，使大学生在实践育人中享受实践教育。

学校还在实践育人中发挥着沟通外界与学生的桥梁作用。学校可以在这个复杂的社会中为学生保驾护航，如帮助学生筛选出优质的实践平台。而且高校必须主动寻求与社会资源合作办学，为大学生在参与实践活动时提供更多的选项。学校还具有协调的作用，在与外界合作育人时，对于学生遇到的一些问题与困难，学校可以进行协商解决，这样可以帮助学生清除实践活动中的难题，使其将精力全身心投入实践中，同时也可以指挥着社会力量，与其合作办学。

综上所述，作为贯彻政府与教育相关政策的重要环节，学校需要贯彻主导性作用，以使实践育人工作不断前进。

（三）社会力量营造好多边合作方的联动性作用

学生、教师、学校、家庭、社会等都在实践育人中发挥着重要的作用，其中社会力量可以提供实践活动必需的物质条件，而且还能够提供实践育人所需的技术指导等非物质支持。另外社会力量对于高校大学生有更加深刻的作用，因为企业需要在经济社会、经济市场中站稳脚跟，所以会具有先进的理念与生产技术，而这些又都是大学生所缺乏和急需掌握的。具有营造多边合作方的联动作用的社会力量可以推进实践育人的有效发展，所以学校要争取更加强力的社会力量来支持实践育人工作的进行。

社会力量常常会考虑的一个问题是，为高校实践育人工作提供帮助与支持，是否会增加企业的负担呢？答案是否定的。通过观察可以发现，与高校建立合作关系，积极响应政府号召的社会力量的社会责任感更强，这有助于促进企业的良性发展。另外，企业的管理者需要考虑周全，具有虑无不周的能力，需要看到实践育人的深层次意义，而不是只看到实践育人消耗的物力与财力。

第一，人才的培养是国家历来都十分重视的，我国为了能够让高校充分地做好育人工作，连续颁布了多个政策。比如，对于为高校实践育人提供实践工作岗位的企业，给予一定的优惠政策，以便于更多的企业参与其中。

第二，社会力量为高校实践工作提供帮助，在企业内部，为大学生提供实践岗位可以帮助老员工提升责任意识，同时老员工在指导大学生完成任务的过程中可以获得满足感；在企业外部可以使企业在人民群众中的形象建立起来，提升企业的口碑。

第三，通过高校实践育人工作，社会力量可以为本企业积累人才资源。企业为高校学生提供各种社会实践岗位，不仅能够对学生的专业技能进行一定的考察，从而为具有发展潜力的优秀毕业生优先进入单位奠定一定的前期条件，而且也可以提升企业的活力，为企业提供新鲜血液。

所以，社会力量参与到高校实践育人工作中，是学生、学校与企业共同获利的一大举措，可以使三方力量联动起来作用于实践育人。

（四）高校学生培养好实践参与者的主体性意识

其一，虽然实践育人活动在举办的时候，无论是声势还是规模都非常大，但是实践育人活动在后期结束时却非常潦草，没有起到总结性作用。社会实践报告对大多数学生来说仅仅需要在活动截止日期之前找一个单位在报告上面盖上公章，这种不良情况的存在，对高校实践育人工作的严肃性有着极为不良的影响，一直这样下去，将很难再对高校实践育人发展局面进行有效的控制。

其二，高校的部分学生因为在参加社会实践活动的时候，没有按照自身的实际情况对时间进行合理的规划，不仅盲目参加社会实践活动，同时也在参加社会实践活动的时候不分主次，不仅极大地浪费学生自身的课余时间，从某种程度而言也占用了非常有限的社会实践资源。尤其是高校的学生在参加各种社会实践活动的时候，以跟风的心态参与其中，在实际的参与过程当中很难端正自身的态度，就导致最终的实践效果不理想。

其三，有少部分的高校学生以一种懈怠的心理参与到社会实践活动当中，他们的目的仅仅是混到学分。这一类群体参与社会实践活动产生的负面影响最为严重，因为这些学生是用混合玩的心态参与某项社会实践活动的，与其他同学相比较态度就低了几个层次，同时在参与某项社会实践活动的时候也比较容易出现不走心甚至哗众取宠的不良表现，这些均会对其他参与者正常情绪的充分发挥产生极为不利的影响。高校学生在参与各种实践育人活动的过程当中，无论是出现的狭隘性心理和懈怠性心理，还是出现的盲目性心理，实际上体现的都是高校的学生还没有在主体性方面树立起一定的意识。因此，高校教育者在以后的一系列的工作当中，应该对学生的主体性意识进行有计划和有目的的培养和教育，以便于为实践育人工作更好地组织和开展奠定相应的意识基础。

三、确立高校实践育人运作的联动机制

作为一项系统性教育工程，高校实践育人工作以磨炼大学生意志品质、提升大学生道德思想、培养大学生操作能力为目的，这需要学校内的教职工作人员通力合作，有机统一学生的专业教育与实践育人，从而建立有学校特色的育人模式。所以，学校的各部门与单位要建立包含多种机制的全方位联动机制，包括管理机制、保障机制、反馈机制、考评机制等，改善实践育人相关机制不完善的情况，

在学校教学体系中融入实践育人，为高校实践育人工作提供坚强的后盾与坚实的基础。

（一）管理机制的完善

高校实践育人工作的有效进行需要健康的管理机制作为保障。为了使实践育人稳步发展，高校管理机制需要日益完善。需要以学校党委领导人为主成立指挥办公室，在其领导下齐抓共管"教研做"，制定详细规定与制度，合理分配校内部门力量与资源，投入实践育人工作中。

指挥办公室的学校党委领导与校领导等对实践育人工作作出全方位的决策与部署，使所属各分院与职能部门发挥出自身的作用；然后在根据团委组织、学生管理部门、教务处、教学部门等分配工作，通过这些部门的配合来实现指挥办公室的决策目标。在中观层面，各学院要成立指挥中心来配合和相应学校指挥办公室的工作号召。在微观层面，辅导员、院党支部书记等共同组成了基层学院的工作体系，负责学校的具体实践育人事项，同时也要总结实践育人工作中的问题与不足，向指挥办公室汇报工作情况。领导指挥办公室对于基层学院工作体系提出的典型问题与普遍问题要重视起来，并且做出预案与改进。在实践活动结束后，对学生的实践情况与指导教师的指导情况进行考核和评价。同时也要将大学生实践育人的考评纳入大学生学业成绩评价之中，以此来展现大学生在大学中的理论课与实践课的综合表现。

统分结合的管理机制这一纵向管理模式需要严格执行分级管理制度，各级的指挥部门都要承担一定的职务与功能，还需要承担承上启下的责任，这一管理模式需要各环节相互配合，相互协作。各部门不仅要完成上级部门交付的任务，并且还要接受监督，同时也要为下级部门交付任务同时进行监管，使责任与义务并行。通过完善管理机制，以保障高校实践育人过程中的有序性与整体性。

（二）保障机制的协同

1.解决经费紧张的问题

在高校中存在着这样一种情况，学生们在参加实践活动时，费用经常需要自理，而且这种现象非常常见，足以看出目前大多高校都有着资金短缺的问题。

实践活动需要经费作为保障，作为实践育人必要的物质条件，在实践前期进行调研需要经费，在实践过程中活动场地、基础设施、人员安排等需要费用，后期的收尾工作也同样需要费用，因此没有充足的资金支持，社会实践就有可能半路腰斩。

需要注意的是，大学生的参与度会受到经费的影响，一般来说，需要自费越多的实践活动，参与的学生会越少。这是因为学生会对需要缴纳的费用产生一定的顾虑，尤其是对于家庭条件较差的同学，高额的费用会使其对实践活动望而却步。

作为高校实践育人活动的重要因素，经费需要得到保障，高校需要建立资金筹措调配系统，使学校资金可以得到有效、合理的运用，同时要建立一定的监管部门对资金使用情况进行监督。另外，如果实在难以集齐实践活动所需经费，可以向有关部门申请。

2.改善资源短缺的问题

高校现阶段还存在着实践资源短缺的问题，资源短缺主要指的是学生实践需求的量远远大于学校所提供的时间资源数量。这就导致学生参与实践活动的不公平对待，同时一些实践育人活动由于资金、门槛等限制，只向少数学生开放。

为了改善上述情况，学校在平时要与社会各界进行合作，积极寻求多方位的实践资源，与周边社区敬老院、偏远学校等建立紧密联系，同时还可以建立起实践育人的基地。企业也是学校需要积极寻求的实践资源，特别是一些规模大、信誉好、积极向上的企业，学校可以向其定期供给人才进行实习，让学生的实践需求在企业提供的资源中得到满足。高校之间还可以建立起实践资源共享的渠道，校际资源的利用可以使学校节约资源、加强沟通。

综上所述，可以通过与社会各界、企业、其他学校进行合作来缓解和改善资源短缺的问题，从而促进实践育人工作的规模化、规范化、事业化。

3.稳定教师队伍

虽然教师在高等教育中的角色发生了转变，但是其发挥的作用依然是不可替代的。在实践育人中，一个优秀的指导教师可以使实践活动流畅、完善地进行。但是目前各高校都十分缺少专职的指导教师，所以任务就由辅导员、学生管理人员，甚至思想政治教师来承担，虽然他们可以在一定程度上指导大学生，但是毕竟不是专业的指导教师，又由于自己本职工作存在绩效考核压力，教师在增加更多的工作量和工作风险的基础上，难以对指导学生实践活动的工作倾尽全力。在没有详细的指导实践的考评标准之前，很难做到将教师的工作热情和积极性充分地调动起来，严重的甚至还会出现教师不想负责，以及教师和教师之间相互推诿等不良情况。

高校需要针对以上这些不良情况，建立以教师为核心的人才队伍，并且要明确规定队伍中每一个角色的具体任务，实现稳定高校实践育人队伍的效果。

（三）反馈机制的畅通

有效的反馈机制有助于监督高校的实践育人工作进度，是高校实践育人工作正常运行的基础。反馈机制要求高校各级职能部门建立起及时沟通的信息报告制度，这样可以使下级汇报工作更加畅通无阻，学生也可以反馈实践中遇到的一些情况和问题。另外，学校在构建学生反映情况的主要渠道和途径的过程当中，可以有效地利用社团和学生间的关系，真正建好反映实际情况的主渠道。

高校能够借助已经成熟的反馈机制，获得最为真诚的意见与建议，对于反馈上来的信息，领导小组要重视起来，抓紧时间协商解决，从而给予反馈者最真实、贴切的答复。这样做不但可以使教师与学生感到受重视，还可以帮助大学生强化教育的主体意识，为深入展开实践工作做好群众基础与信息反馈基础。

对于高校实践育人工作指挥办公室来说，信息反馈是珍贵的一手材料，实践育人部门需要基于反馈信息与总结的问题、经验来进行下一步行动的准备。学校将这种运作机制长期地应用在实践与认知中，不仅可以提升学校教育的整体形象，改善其在大学生中评价不高的现状，同时也可以在一定程度上快速提升和调动教育工作者的主动性和积极性。

在微观上，教师将实践中观察到的信息、分析的现状做出总结，应用信息反馈机制，向上级职能部门做出反馈，对于教师来说，所提供的反馈被上级办公室所重视，并给出应对方案，可以极大地提升教师的认同感。学生进行信息反馈也可以锻炼其思维的能力、提升教育中的主体意识，还可以增强学生们对于实践活动的关注，使实践育人在学生群体中的影响力增强。

（四）考评机制的整合

实践育人考评机制主要用于，根据相应的指导思想、任务目标与价值准则对实践育人工作结果进行考评。上文提到，实践育人考评机制存在不够科学的问题，需要将定性评价与定量评价相结合，同时也要结合当下的实际情况进行客观的考核评价。

考评机制不但要有对指导教师的考核和评价，还需要对参与者进行考评。对于实践指导教师来说，实践活动的组织、实践过程中的表现等多个方面都可以用来量化实践育人工作，然后根据考评结果给予相应的奖励或者惩罚。对于参与的学生来说，教师对其的评价十分重要，可以从学生在实践活动中的行为表现、实践报告等方面进行考核和评价，而且要将学生的实践成绩纳入学生档案，以便在之后的学业和事业中对于学生的实践能力产生一定的参考性。可以看出，考评机制是实践育人工作中的教师与学生之间的相互评价。

考评机制的完善具有如下意义。

第一，考评机制完善后，学校的所有任课教师都能够在实际的实践育人工作中全身心投入，从而使学生得到更好的发展。

第二，对于参与实践育人活动的学生来说，考评机制的完善意味着其不仅具有评价的作用，同时也具有约束的作用。学校任课教师可以通过考核机制，对学生参加的各种实践活动的具体表现做出科学、合理的评价，学生也能够将考核标准和自身的具体表现进行相互比较，使得学生可以进一步发现其自身存在的问题，有时也会促进大学生的竞争心理，激发学生之间的良性竞争。

第三，传统的考评机制中，教师占据着十分重要的地位，而且在传统的教学模式下，存在着"一言堂"的现象，而完善实践育人的考评方式，可以综合评价教师与学生的实践活动情况，避免这类情况的出现。教师可以管理学生、对学生进行考核，而学生也可以监督教师、评价教师，这种制衡作用使师生关系地位不对等的现象得到改善。

四、夯实高校实践育人的基础环节

立德树人是我国育人工作的根本任务，高校的重要职责是培养人才、进行科学研究、传承文化等。为了实现立德树人这一目标，高校需要在实践育人领域不断探索，以提升高校实践活动与学科专业的结合度、丰富实践育人具体内容、优化实践育人实施方法。

（一）提升高校实践活动与学科专业的结合度

作为一项系统化工程，高校实践育人需要学校充分调动校内外资源，发挥本校的优势，在大学生专业的基础上设计出符合不同专业大学生特点的实践育人活动。因此，实践活动在组织策划时，需要综合考虑大学生的专业需求，以及学生最终的发展和职业规划，以便让设计出来的实践活动，不仅具有实用性同时也具有专业性，充分引起学生对育人活动的重视和关注，并且乐于投身其中，然后形成"学习——实践——再学习——再实践"的运作模式。与此同时，学校为了提升实践育人在学生中的影响力、吸引力与公信力，需要打造具有学校特色与品牌特色的实践育人项目。

（二）丰富实践育人具体内容

科学技术的飞速发展为实践育人提供了更多的支持与可能性，目前高校实践育人工作正面临着社会信息化、经济全球化与文化多样化的考验。为了使学生全方位地领悟实践育人的目标，实践育人需要做到主题鲜明、手段灵活、内容丰富、形式多样，这样同时可以增强实践活动的实效性。

在交流变得通畅和便捷的当下，高校实践育人工作需要结合社会热点，从学生所学知识出发，并且在学生参与社会实践活动的过程当中充分利用各种先进的科技手段，使其参与社会实践活动的趣味性和灵活性得到大幅度的提升，同时还要丰富实践育人工作的内容，按照大学生需求提升实践内容的实用性，以拓展实践活动的涵盖范围。这样可以使大学生对实践育人枯燥的印象有所改观，从而将被动参与实践活动转化为主动投入，为实践育人真正发挥出其重要作用。

（三）优化实践育人实施方法

人们的生活随着科技的进步和时代的发展发生了很大的变化，尤其是智能设备和互联网的出现极大地改变了人们的生活方式。因此，可以考虑将这些先进技术融入实践育人之中，在实践育人中利用互联网实施新方法。举几个例子，学校通过注册的各种官方微博等平台，发布与实践育人相关的信息，同时借助这些平台还能够实现与学生的实时交流，聆听大学生内心深处的呐喊；学校还可以建立实践育人网站，在网站上向学生展示实践活动的过程、成效，在网站上可以设立论坛供师生、生生进行实践活动与相关理念的交流，这也是一种无形的教育。

无论是传统的实践育人方法，还是现代化育人方法，其目的均是为了让学生在多种多样的实践育人活动当中，除了得到更好的体验之外，也可以得到一个较好的效果。因此，教师需要对不同年级、不同性格、不同专业的学生进行针对性教育，制订符合学生发展规律的实践育人计划。举个例子，对于不同年级的学生，教师应该因材施教，大一新生刚进入大学，学生们高中时期的一些学习习惯还未改变，所以教师需要使用一些能够引起学生兴趣的育人方法，使学生投身到实践活动中，从而渡过这一转换期，逐步适应大学的育人工作、教学环境；大二与大三的学生对于本专业的知识已经有了全面的了解，初步认识了专业领域的一些概念，所以教师要对大二、大三的学生进行专业化的实践育人活动，并且在开展和组织各种实践育人工作的时候，充分运用线上和线下结合的方式，大大增加实践的覆盖面，从而让学生在实践中巩固理论课堂上学到的知识。而即将离校的大四学生的需求则完全不同于大一、大二与大三的学生，在针对这些学生设计实践活动时，实践的目的就是增强其社会实践经验，而且需要利用校内外资源，根据不同专业的学生来设计实践的方向，为大学生的就业做好充足准备。因地制宜、因材施教的实践育人可以有效保障大学生综合素质的发展。

第五章　高校三全育人机制——管理育人

第一节　高校管理育人的相关概念

一、管理

管理有处理、管辖、控制等意思，指人类群体生活、劳动中的重要活动之一，具有十分悠久的历史，主要负责协调人的活动，组织整合资源。不同领域的研究者对于管理的研究结果与见解都各不相同。管理就是为了将分散的力量凝聚到一起，通过指挥与协调而产生的新的力量，新的力量与原来分散的力量有着本质的不同。

管理是在社会组织中，管理主体为了实现既定的目标，整合管理资源，运用科学、系统的管理方法来管理被管理的客体的一个非静态的过程。在高校中，无论是教师、教职工还是党委领导，他们都是学生的引导者，他们不仅要对学生进行教育，还要管理学生。在学校的统筹规划和管理下，才可以使在校大学生成长为符合现代社会要求的全面发展的高素质人才。

二、管理育人

管理育人指的是高校管理人员围绕立德树人，在履行职责时所进行的各项工作。分别包含如下几个方面。

高校制定的各种不相同的管理制度，除了要把价值引领进行突出之外，还应该始终坚持和贯彻育人导向，遵循学生成长规律、教育规律与思想政治工作规律，同时要体现育人的目的与宗旨。

高校学生的管理者需要为人师表、严于律己，在工作中保持敬业精神与职业道德，从而对学生产生潜移默化的影响。

管理者要在日常工作中贯彻育人理念，在热情服务、严格管理的过程中展现育人的价值与意义。

工作思路清晰、确保理念优化在加强和优化高校管理育人的过程中最为关键。

（一）高校所有工作从管理层面思考育人

众所周知，我国高校思想政治工作有十大育人体系，分别为课程育人质量提升体系、科研育人质量提升体系、实践育人质量提升体系、文化育人质量提升体系、网络育人质量提升体系、心理育人质量提升体系、管理育人质量提升体系、服务育人质量提升体系、资助育人质量提升体系、组织育人质量提升体系，这些体系内的不同岗位、不同职能承担着不同的育人任务，都十分重要，同时并没有先后和主次之分。管理育人有其特殊性，这是因为育人主体是教师与其他管理人员，学生在管理育人中为育人对象。管理育人中受管理者不仅仅是学生，还有教师、管理人员等教职工。在这里强调教职工，是因为仅靠教职工的努力和主观愿望是不可能完成任务的，而是需要教师潜心教书、管理人员专心管理育人、服务人员专心服务育人。同时还要有制度方面的保障，在管理层面形成除了促进教书育人的机制之外，也要推动管理育人和服务育人相关机制的运行，充分调动和激发教职工的主动性和积极性。

（二）管理制度体系的建立和完善是管理育人的本质特征

育人工作的进行需要两方面的保障，一是教职工等工作人员的主动性，二是相关制度的规定和制约。现阶段高校管理的主要特征与发展趋势是依法治校、规范办学和育人的制度化，这同时也是高校思想政治教育工作与人才培养工作的主要抓手与重要标志。

在育人中，制度有着教育的价值，且具有明显的规定与鲜明的导向性。制度以明确规定的保护、禁止与鼓励行为来反映社会倡导的价值观。另外制度还能够以惩戒来使管理对象对其行为做出约束，从而改正习惯，养成良好的荣辱观，这些都是制度普遍的教育价值的体现。

（三）确立可操作的评价考核指标是管理育人落实的关键

我国的高校管理工作虽然有相关考评环节，但是其缺乏一定的标准、要求与科学性，尤其是不能够清晰地审核教师进行管理育人的职能，所以就无法正确展现教职工管理育人的成效，这就导致在管理育人工作中，教师的工作热情不高。所以建设管理育人的科学、完善、具体的考评指标与奖惩办法是高校工作的当务之急。管理育人考核评价指标主要从管理育人的工作行为、规划行为、配合行为、育人方法和效果方面进行建立，并且在建立相关考评指标的时候，除了通过书面检查方面来进行之外，也可以从现场评估方面来进行，这样不仅能够让考评过程和育人成绩更加的规范化和客观化，也能使得考核的过程公平化，并且还能将可操作性和科学性巧妙地统一起来。

（四）提高管理者的综合素质是加强管理育人的前提和基础性工作

在管理育人中，教职工等管理者不但是管理的主体，也是管理的对象。管理职责履行是否到位、育人效果是否到位，取决于管理者素质的高低，所以管理者的素质决定了管理育人活动能否顺利完成。通常情况下，学生会以教师为榜样，因此教师等管理者本身的高尚人格会对学生起到一种感染作用。所以要将管理者的"身正为范"置于管理育人的首位。

管理育人的基础与前提是提升管理者的综合素质，各高校需要抓起对这项工作的认识，抓紧提升教职工等管理者的综合素质。

第二节　高校管理育人的内容及原则

一、高校管理育人的内容

高校管理育人的主要内容分别为制定完善各项规章制度，强化示范作用及管理职责；强化使命和担当意识，创新育人途径；加强管理育人能力培养，提高管理队伍素质；优化育人环境，增强育人实效。

（一）制定并完善各项规章制度

管理就是根据相应的规章制度来约束人们的行为。完备的规章制度不仅可以使管理者有章法、有规范地进行工作，进而约束管理者的行为，还可以使大学生的言行举止得到约束。高校管理育人工作的首要工作就是要先制定符合学校发展规律与实际情况的可操作性的制度，在这项工作中，参与者需要向广大教职工与学生进行调查，从而制定合适的政策，这是十分重要的，因为只有这样才能够使建立的规章制度受到师生与工作人员的认可。

（二）强化使命和担当意识，创新育人途径

立德树人这一根本任务需要学校全体教职工共同努力来实现。高校管理人员的职责多种多样，而且分散在不同的岗位上，但是不同部门、不同的管理人员的工作任务与目标都是为中国特色社会主义提供合格的人才，以实现中华民族的伟大复兴。所以，为了形成全员育人的合力，管理人员的育人意识需要得到加强，以实现育人目标。具体到实际中，为了增强管理人员的使命感与责任感，需要进行职业道德教育与思想道德教育，同时还要在管理部门日常活动中融入育人工作，使育人成为管理人员的日常工作，同时还需要对高校育人途径进行创新，来优化高校管理育人工作，从而实现管理育人的目的。

（三）加强管理育人能力培养，提高管理队伍素质

管理队伍是高校管理育人工作的重要力量，队伍水平高、作风硬、效率高、政治素养好，那么高校管理育人工作的效果就会好。所以要着重提升高校管理育人队伍的水平，具体方法如下。

提升育人队伍的思想政治素养，使管理人员在育人中保持正确的政治方向和意识形态。另外还需要有机结合理论与实践，在管理育人中运用科学的理论来指导工作。

管理育人队伍需要不断地学习，这是因为管理人员的首要工作是管理，管理育人需要运用先进的教育、管理理论与方法来提升教育与管理的能力，用科学的世界观和方法论来分析和解决实际工作中遇到的问题。

（四）优化育人环境，增强育人实效

管理育人强调的是管理工作者对于学生在思想道德、行为习惯等方面的影响，优秀的育人氛围可以提升管理育人的工作效果，而环境较差的育人氛围由于不符合育人的要求，会使管理育人工作效果大打折扣。学生所处的环境与氛围会对其

成长起到直观的作用，育人工作的质量随着育人氛围而变好。所以，在学校创设良好的环境与氛围，可以满足学生与教职工的精神需求与物质需求，还可以激发学生与教师的创造性与积极性，为管理育人打下良好基础，改善校园环境是管理工作者的责任和义务，通过创设积极、健康、向上的文化氛围，可以提升育人的有效性。

二、高校管理育人的原则

作为一项系统性的工作，管理育人不但需要实用科学的方式方法，还需要遵循一定的育人原则。高校管理育人的原则主要包括政治性原则、科学规范性原则、从严性原则、整体性原则、民主性原则与计划性原则。

（一）政治性原则

管理育人的首要原则是政治性原则，这意味着管理育人工作具有政治性，而且政治性是管理育人的显著特征。由于高校的根本任务是培育社会主义事业的建设者和接班人，所以高校必须要提升大学生的道德品质与思想觉悟，必须坚持用马克思列宁主义、毛泽东思想、邓小平理论和"三个代表"重要思想、科学发展观、习近平新时代中国特色社会主义思想来武装大学生。

（二）科学规范性原则

科学规范性原则是管理育人的一项重要原则，具体指的是管理育人的过程需要遵循一定的规律与规范，在管理中要实事求是，规范管理。为了使各项管理工作符合规定、切合实际，管理育人工作需要坚持科学规范性原则，以实现管理育人的良好效果。假如不遵守科学规范性，那么管理育人工作方向就会产生偏差，使育人效果变差。所以管理育人需要依据科学理论，总结经验教训，在多变的环境中把握规律，摆正发展方向。

（三）从严性原则

办好一所学校、培养优秀人才的根本要求是"从严治校，从严执教"，对于高校各方面工作贯彻从严性原则，这就需要教职工与学生从各个方面对自己的行为进行严格要求。从严原则是高校管理育人所必须遵守的原则，工作中需要将"从严治校，从严执教"贯彻到每一项管理工作中，从而提升育人的水平和效果。

（四）整体性原则

高校管理育人还需要遵循整体性原则。只有高校各部门加强协作与练习，发挥出整体的力量，才能够使管理育人发挥出真正的效果。假如校园各个部门在管理育人工作中没有形成合力，只是单打独斗，甚至在一些相关联的工作中出现相互推诿的现象，那么就会对高校育人产生负面的影响。所以，管理育人需要遵循整体性原则，在工作中调动全校各部门、号召全体师生参与到管理育人中，同时要统一认识，形成育人合力。

（五）民主性原则

高校管理育人需要遵循民主性原则。民主性原则就是高校管理育人工作要积极调查广大师生的意见，做到从群众中来，到群众中去，依靠群众的力量。民主性原则可以优化管理育人的方法，完善管理育人的制度，有助于在管理育人中通过群策群力来实现民主地管理与决策。

（六）计划性原则

计划性原则是高校管理育人工作需要遵循的另一个重要原则。计划性原则指的是管理育人工作需要制订明确的短期计划与长期计划，高校需要根据实际情况来规定好短期计划与长期计划的具体方案，促进管理育人工作的有效展开。做好计划不但可以防止盲目性、随意性、临时性、被动性的管理心理与管理方式，还有利于稳步实现管理育人的最终目标。

第三节　高校管理育人的现状分析

一、高校管理育人现存问题

现阶段各个高校根据自身的情况与特点进行相应的教学改革，同时设置了符合校情的管理机制、规章制度与人员安排，这些都促进了管理育人工作地有效进行，使管理育人发展到一个新的阶段。但是当下的管理育人工作仍存在着管理理念"异化"，管理与育人有待融合；认识存在误区，管理人员素质有待提升；民主氛围不足，管理制度有待完善等问题。

（一）管理理念"异化"，管理与育人有待融合

异化的管理理念在目前的高校管理育人中是较为常见，这种理念主要是约束人、禁锢人和束缚人，在管理育人中缺失人性化和规范化，而正确的管理理念应该是通过创造条件来发展人。很多学校都设定了一个比较高的标准来对学生进行高度规范化的管理，一些高校将工业体系中的一些管理理念与程序照搬到高校管理育人之中，这使管理成为高校为了追求行为约束与规范而进行的"控制工程"。高度规范的管理将教师固定在各自的岗位上，而且通过日常管理制度制定教育的目标、任务及行为模式，这一举措既有好处也有坏处，好处是有利于提升学校的管理效率与管理水平，坏处则是阻碍了管理育人价值的发挥。教育应该富有创造力，应该是一种向真、向善、向美的活动，而当教育与管理越来越看重组织、规则、标准，并把这种模式逐步推向极端时，就会抑制教育中的人文精神，从而使价值的合理与正当性被手段、过程所遮蔽。"异化"的管理理念，使师生在教育与管理中不能产生内心的激情，获得诉诸心灵的自我精神体验，降低了管理育人的实效性与感召力，弱化了管理对师生的人格提升、价值赋予和心灵升华。

现代大多数人都认同教书育人是高校的任务，但是多数人认识不到管理育人的重要作用和意义。一部分人认为，教育就是指知识的传递，这些是辅导员、班主任与专业课教师的责任，而高校的管理人员并没有参与这些工作，也就没有对学生产生教育作用，这些人忽视了管理对于学生潜在的教育作用。在日常管理中还存在这样一种现象，一些班主任与辅导员将工作重心放在学生日常事务管理上，对于学生的思想道德素质与心理素质并没有太多关注，育人的效果比较差，出现育人与管理相剥离的现象，这不但消解了学校整体德育的合力，而且在一定程度上阻碍了三全育人的发展。

（二）认识存在误区，管理人员素质有待提升

一些学校为了提升管理队伍的素质，在专家治校、教授治校理念的影响下，聘请越来越多的具有较强科研能力的高学历、高职称的非管理领域的人才来担任中高层管理者，但是在一段时间过后，人会发现科研能力强并不等于管理能力强，

其他领域的专家并不一定可以在管理领域发光发热。通常情况下，对于教学人员、科研人员评价的重要标准是学历、职称与科研能力，这是因为高校重视学术权威，假如将这些标准照搬到对于高效管理人员的评价中，会造成多方面的差异，缺乏客观性与科学性，使管理人员忽略管理这项本职工作，而是将更多的精力投入以晋级、提升为目的的考博、考研以及以评定职称为目的的论文资本积累中，使其本身管理能力的下降，从而降低管理水平与管理效果。

另外，还存在着学校对于管理人员的人员定编与岗位培训的重视不足的问题。管理被人们当作一种门槛较低的工作，尤其是党群管理这项工作，经常处于嘴上重视、行动忽视的尴尬境地。由于管理工作不被重视，管理人员工作的热情与积极性都会受到影响，而且一些学校也缺乏对于管理人员的系统性培训，这就导致管理人员提升自身能力的方法有限，同时缺乏对于管理的原则与方法的认识，在管理工作中依靠直觉或者前人的经验来进行，难以顺利完成日益多元化、复杂化、增量化的管理工作，影响管理育人工作的进行。

（三）民主氛围不足，管理制度有待完善

管理在本质上具有集现实主义与理想主义于一身的先天品格，其不但可以为被管理者提供切实的指导规范、价值原则与行动取向，还可以帮助其树立终极价值目标、设计理想人格。

规范、科学、完善的管理机制是高校育人工作推进的前提，当前的社会发展迅速，高校传统的管理制度已经不能跟上时代潮流，一些制度已经过时，符合时代形势要求的制度尚未完善，主要体现在如下几点。

一是管理制度与国家法律或者教育部门的规定有冲突，不能够实际落实。

二是管理制度的封闭性与可操作性较差，在制定时缺乏充分论证。

三是管理制度的弹性大、条款粗，所以在各种样式的人情面前，执行时的幅度也比较大，这使管理制度的权威性受到了挑战，没有公信力。

综上所述，现代管理制度存在缺乏激励机制与竞争机制，没有建立起人人争先的良好工作氛围，没有通过制度调动工作人员的工作热情与积极性，也没有打破干与不干一个样、干多干少一个样的不良局面。

一些高校在设计管理制度时，对学生的角色定位呈现出义务本位的倾向，缺乏对大学生的关怀、忽视大学生的合理诉求与权益，使大学生游离于管理机制之

外。学生对于高校工作中的一些与其有着密切关系的事件没有知情权、参与权与评议权，如奖学金评定、学生违纪与研究生报送等。造成这一现象的根本原因是官僚模式为主的管理方式仍然是我国高校管理的主要模式，在这种管理之中，缺乏平等交流、民主协商的意愿与心态，对于管理的控制与约束属性太过依赖，不重视学生的权利保护，没有健全学生参与学校民主管理的政策保证，所以使学生参与校园管理工作的意识不强。

二、高校管理育人现存问题的原因分析

新形势下高校管理育人依然存在方方面面的问题，阻碍了高校育人工作的发展。分析高校管理育人中存在问题的原因，有助于高校走出管理育人的困境。

（一）内部原因

1.学校层面

作为育人的主要场所，学校对于管理育人的发挥有着重要的影响。管理工作者的情绪与心态可能会受到学校环境氛围、薪资待遇、学校规章制度、管理育人机制的影响，这些因素的改变会使管理育人工作出现一定的问题。

（1）学校制度及管理模式不能适应新形势的需要

目前高校存在着不能很好地适应时代的发展，对于新形势的要求准备不足的问题，不管是在政策还是措施方面都没有针对性的动作与合适的调整，从而使管理育人成效不佳。而且目前科技的发展与互联网的普及对于大学生的价值观有着巨大的影响，造成大学生思维方式的变化，使大学生普遍存在逆反心理，不能全面看待失误、政治意识淡薄等，这会对管理育人工作产生较大影响，使管理失去主动性。

高校管理育人的传统方法与制度已经不能够满足形势要求，因此需要高校在管理工作中有所改变。但是一些高校仍然没有意识到这一问题，依旧把重心放在学生的知识传授与教师的科研工作上，另外，一些高校由于没有管理育人的有效经验，照搬其他学校的一些管理的方法与制度，没有综合考察本校师生的具体管理情况，脱离了实际，所以育人工作的效果难以称得上好。

（2）高校管理育人缺乏量化标准和激励机制

明确的考核与量化标准可以使工作人员全身心投入工作中去，管理人员的工

作效果也可以通过明确的量化得到公正、公平、客观的评价，高效管理人员可以从中发现管理工作中的不足，并且加以改进。

现阶段有相当数量的学校不重视管理育人，表现为不把履行管理育人职责与薪资收入、职称评比、职位晋升、政治荣誉相挂钩，使管理人员育人意识差，不能准确地认识育人的职责。虽然一部分学校制定了相应的考评体系，但是在落实方面遇到各种各样的困难，忽视一些管理人员的工作失误，同时也不重视对创新育人方式进行积极探索的管理者，从而使管理人员都不重视育人工作，阻碍管理育人的可持续发展。

（3）高校欠缺对管理工作者的培训培养

现阶段高校存在的另一项问题是岗位培训难以落实，更有甚者，一些管理人员在一年内都没有经历过岗位培训，所以造成管理人员的专业知识与技能难以满足岗位要求，管理队伍不能够满足专业化要求的标准，从而使管理育人效果不佳。

（4）校园环境不尽如人意

目前大多高校存在着校园环境较差这一共同的不足之处，主要体现为以下几点。

①由于缺乏资金，校园硬件设施数量不足，且质量不高。

②一些学校对校区进行改造时，毁坏原来具有代表性的传统建筑甚至文物，使校园的文化历史受到损害。

③为了追求时尚化、简约化而忽视挖掘学校校史、校风、校训，客观上忽略大学文化精神的育人作用。

④校园文化被流行文化与大众文化替代，使文化的建设偏离航线。

这些问题是导致教职工参与管理的意识不高的原因，学生这一育人的对象也没有这种意识，一些学生会在桌椅、墙壁上胡乱涂鸦，甚至不讲卫生等。

2.管理工作队伍层面

外在因素是事物变化的必要条件，内在因素是事物变化的根源，外在因素是根据内在因素的变化而变化的。高校管理育人工作之所以问题归根结底是高校管理工作队伍层面存在问题。

（1）部分管理人员的业务能力不强

管理工作人员不仅需要有管理的知识和技能，还需要对学生进行思想政治教育，二者共同组成管理工作队伍的业务能力。造成管理工作队伍业务能力不强的原因有如下两点。

①存在认知偏差，认为思想政治教育工作不属于自身的工作职责范畴，使育人工作难以达到预期。高校的一些管理工作人员了解自身在育人方面具有重要作用，而不知道如何进行育人，这种情况也会影响管理育人的效果。

②培训落实情况较差，不能学以致用。一些管理人员在培训中搞形式主义，在培训中没有学到知识与技能，而一些认真学习的人员也会在培训之后的管理工作中渐渐遗忘培训内容。这种流于形式的培训会影响管理人员的能力提升。

（2）管理工作队伍存在重管理轻育人现象

当前高校管理育人依然存在"两张皮"的现象，工作人员将重心放在管理上，而忽视了育人工作。在思想认识方面，管理工作人员会把管理与育人相剥离，认为其工作的职责就是服务好学校的管理与科研工作；在工作行为方面，辅导员、班主任等一线的学生工作者忽视了对于学生道德品质的培养，过多地将精力投放在学生的成绩上。

值得一提的是，有一部分管理工作人员将自身工作当作铁饭碗，育人意识差，主要表现为：用消极的态度来对待教职工与学生的求助；一些晋升无望的工作人员认为自己的工作是铁饭碗，不犯错误就不会丢了工作，干好干坏一个样，所以就消极工作。

（二）外部原因

1.管理者家庭层面

家庭也对管理育人中的管理者有重要影响。在人的成长中，家庭有着不可磨灭的作用，管理者的工作态度与方式主要受以下两个家庭层面的影响。

（1）家庭状况

高校管理工作人员大都已经成家立业，他们身上的家庭负担较重，一些人并没有把心放在工作上，因为他们有的要分出精力照顾老人，有的还要兼顾孩子的学习任务，这些因素使管理人员没有办法将更多的精力投入学校管理工作，导致育人效果变差。

（2）家庭观念

一些管理人员由于家庭观念的影响，认为工作中管好自己就行，对于与自身无直接利害关系的事情一律不予理睬。当下的许多管理工作人员受到这种观念的影响，工作时不将自己当作一位传道授业的教师，而是只考虑自身，躲避无直接联系的其他事项，使管理育人工作无法有效展开，育人效果也难以令人满意。

2.社会层面

科技的发展与经济全球化使全世界各个方面的联系越来越紧密，文化之间的交流也越来越频繁，目前越来越多元的文化传入校园，在多种价值观的影响下，学校管理人员的育人思想出现了一些问题，导致管理育人效果不佳。

（1）西方多元文化的入侵

西方的一些文化与思潮对大学生产生了相当严重的负面影响，一些大学生在西方文化的影响下对本国的优秀传统文化的认同感降低，更有甚者对于本国文化出现不自信的现象；同时一些大学生的价值观取向出现了偏差，产生利己主义等不良价值观。这些对高校管理育人工作和思想政治教育工作有着严重的损坏，使高校育人工作难度增加。

（2）市场经济负面因素的影响

在国家改革开放的基本国策的指引下，我国迈入了市场经济阶段，经济的飞速发展在促进国民生活水平提升的同时，也带来了一定的负面影响，在高校管理育人方面表现如下。

①功利心较强，利己主义泛滥。由于市场经济功利性原则，一些人，包括部分高效管理工作人员会功利性地看待一些事物，在工作时关注点在于这项工作是否会带来消极的影响，是不是有利可图。一些大学生也受功利性的影响，在学习生活中看待事物时带有严重的功利色彩。

②拜金主义严重，过分强调金钱价值。高校管理者中的一些人常常会比较自己的收入是否与劳动相符，而大学生也因为目前的就业压力而致力于各种证书的考取，这令大学生无法正确看到学习与思想道德素质的培育，重视短期利益、忽略长期价值，以是否对自身有利来待人处事，使育人难度增加。

（3）社会的认可程度不高

近些年来，教师在社会上的影响力和地位有所提升，但是仍有人不认可教师的工作。特别是有些刚入行业的人对大学教师的认可度还较低。高校管理工作人员认同感不足，不能够认清自身的工作职责，而且还会使工作人员的工作积极性与工作热情降低，只做好本职工作，更有甚者消极怠工。长此以往，高校管理育人工作难以得到重视，无法发挥其原有的功能，思想政治教育的活力也受到影响。

第四节　高校管理育人的实践路径

一、完善管理育人政策制度，保障育人机制

政策制度是行为实施、工作进行的保障。为了使育人理念贯彻到管理工作人员的日常工作中，需要建立一套健全的管理育人制度，同时还需要建设良好的制度育人环境，以实现育人目标。所以，目前高校管理工作的关键是建立健全管理育人政策制度。

（一）建立与时俱进的政策制度

建立与时俱进的政策制度是管理育人工作流畅进行的前提与先行条件。对于一些不利于高校管理育人工作进行的旧的政策，高校需要将其进行分类与整理，以此来把不适应新形势的政策制度全部找到，深入开展民意调查，然后对政策制度进行完善。

另外，还要落实好新的制度，实践是检验政策制度的关键，政策制度需要在实际运用中才能够发挥其正确作用，只有学生对政策制度有所了解、掌握之后，才能够使政策制度顺利实施。所以管理工作者需要充分掌握政策制度，只有将其真正掌握后，才能够在政策制度中更好地完成育人工作。

（二）建立符合时代要求的高校管理育人体制

为了现代大学生的发展与成才，需要建立符合时代要求的管理育人体制。

（1）自上而下，内外结合，建立层次清晰、功能健全的管理育人工作体系

建立党政齐抓共管、党委统一领导的新格局。建立学校主导，个人、家庭、社会共同参与，实现校内校外联动的机制，完善大学生的自我教育功能，使大学生实现自我教育，建立专职兼职相结合的队伍，形成全体教职工紧密配合的局面，有机融合家庭教育、学校教育与社会教育，从而形成多方面的合力促进育人工作地发展。

（2）建立并完善与高校管理体制相适应的管理育人工作机制

只有建立与管理育人工作相适应的工作机制，才能有效展开管理育人工作，管理育人工作机制的建立可以分为：管理育人目标机制、管理育人考核激励机制、管理育人监督机制三方面。

二、提升管理育人队伍的能力素养，发挥榜样示范作用

（一）提高管理工作者对管理育人的认识

在育人工作中，管理育人具有重要的作用，管理工作者需要提升对于本职工作的正确认识。

一是使学校全体教职工认识到管理育人的重要性。财政部门要在管理工作中投入足够的资金与人力来对管理育人体系进行优化，以形成良好、和谐的管理育人环境和氛围。

二是管理工作人员要认清自身工作与思想政治教育的联系，同时要明确自己的职责所在，认识到教职工无论其具体职责如何，都有着育人的责任。管理工作人员需要认识到管理工作与思想政治教育工作是相互依存的，二者相互促进、相辅相成。管理工作人员要提升自身的主动性、自觉性与使命感，在管理育人工作中对自身进行严格的要求，以期在管理工作中真正达到育人的效果。

（二）提高管理工作者的工作能力

对于管理者来说，其管理育人职责的实行与育人水平受到本身素质与能力的影响，同时管理工作人员的能力也决定着育人目标的实现与否。所以，为了提升管理育人的水平，有必要建立一支能力较强、素质优良、善于开拓、作风过硬的管理队伍。

要健全管理育人的培训机制，使管理人员在培训中把握好内容、方法，以最大幅度地提升管理工作队伍的素质与能力，应遵循以下四点建议：

①保证管理人员通过定期的培训来提升能力，频率至少为一学期三次；

②内容方面理论和业务并重，职业道德培养与人际沟通能力结合；

③在方式上定期和不定期相结合，注重效果评价和灵活性；

④在方法上以校内纵向、横向交流为主，加强校内外合作为辅。

（三）发挥管理工作者的榜样示范作用

1.管理工作者要提高自身修养

（1）提升道德修养

对于管理工作人员来说，道德修养包括社会公德修养和职业道德修养。社会公德修养需要管理人员在日常的工作和生活中形成符合社会行为规范的价值标准。职业道德修养提升的关键在于不断地学习与培训，从而提升管理技能，使管理工作更加流畅。

（2）提升艺术修养

高校管理工作者育人的客体是学生，艺术修养是一个人综合素质的体现。师生之间的交流会受到个体外在因素的影响，如仪表、肢体语言与言语谈吐等。管理育人主客体的交往效果受到这些外在因素的影响，让学生产生欣赏、认同甚至厌恶的反应，所以管理人员要谨言慎行，注意自身的行为不能对学生产生负面影响。

2.管理工作者要以自身的工作行为方式为学生做表率

随着社会的发展与高校改革的深化，管理人员在日常工作和生活中遇到的人际关系与管理事务越来越复杂。为了更好地进行管理工作，专业工作人员需要保持一颗平常心，以积极的心态处理事务。在具体工作中，管理人员需要以关怀友善的态度、忠诚的服务理念展现自身的素质，热情服务师生。同时在工作方法上，需要向师生展示管理工作队伍的新风貌，用具有开拓意识的思维和创新的意识、以人为本的工作理念、用热情的工作态度、求真务实的工作作风为广大学生起到良好的表率作用。

三、创新管理育人方式方法，提升管理育人实效

管理育人方法对管理工作效果与学生成长有深刻的影响。但目前高校中的管理育人方法的效果并不理想，有的甚至对学生的成长起到负面作用，这些观念陈旧的管理育人方法与方式需要及时改善。因此管理育人方法的创新是当务之急。

（一）创新管理育人方法，提高管理育人的科学性

要改变旧的管理思维，创新管理育人方法。一是要坚持与时俱进的工作思路，

抛弃靠经验管理或固定的管理模式，要随着时代的变化发展，按照大学生身心成长成才的发展规律，坚持具体问题具体分析；二是要明白管理育人工作不可能一蹴而就，必须做好长期的、打持久战的准备，持之以恒地开展育人工作，尤其是要克服在取得一点成效后就认为达到了育人目的的心理；三是要更新管理理念，改进工作方法，深入实际探究大学生的身心发展规律，采取适宜的管理育人方法，制定科学的管理育人规划。

发挥学生组织自我管理作用，建立和完善学生自我管理机制组织，让其成为高校思政工作强化自身功能、增强管理育人适应时代发展的突破口。还要不断建立和完善学生组织，不断开发学生们的创新意识和能力。此外，还可以通过学生干部自身的影响力和威信力做同学们的思想工作，维护规章制度的权威性，使学生干部在这些管理活动中提高自身的能力和水平，提升他们的自我管理能力，实现学生干部的育人作用。

（二）坚持"以人为本"的工作思路和方法

培育人是教育的本质，教育与管理中都应该体现以人为本的发展理念。高校需要对当代大学生进行针对性的管理，同时还要在管理中贯彻落实以人为本的理念。

制定政策时，深入实际开展调查研究，充分尊重学生，听取学生们的诉求，让学生有足够的发言权，讲求民主化原则，使政策符合学校与学生的实际，保证学生的健康发展。

管理工作人员在进行管理工作时，需要综合考虑解决学生的思想问题与实际问题，通过针对性地解决学生的困扰，来实现潜移默化的管理育人工作。

管理人员要多与学生进行沟通，采用合理的方式来了解学生的情况，在尊重学生的前提下使学生参与管理，让学生在其中发挥主动性、积极性与创造性，改变学生在管理中的被动与从属属性。

四、优化管理育人氛围，营造和谐的育人环境

环境对于人的影响是十分重要的，对于高校管理育人工作来说，和谐的、适于学生成长的管理育人环境是必要的。这里的环境可以分为两个方面，分别是社会环境与校园环境。

（一）优化管理育人的社会环境

1.创造公平公正、繁荣的经济环境

一个公平的经济环境有助于培养大学生公平的竞争意识。所以为了大学生正确价值观的确立，公平公正的经济环境的确立是十分有必要的。

只有社会各界共同努力，公平公正的社会经济环境才有可能真正实现。这就需要国家确定相关的政策法规来促进社会经济的发展，同时也需要政府部门增加对于教育公平的重视，整合教育资源，加大教育投入，以减少教育不公现象的出现。公平公正、繁荣的社会经济大环境需要社会各方面共同努力创造。

2.打造和谐稳定、民主、清明的政治环境

通常来说，政治环境是指在一定社会中，一定时期的政治体制、政治制度、政治活动的综合。对于大学生价值观的培育来说，和谐稳定、民主、清明的政治环境是使其形成正确观念的前提。在当下的社会中，人民有着言论自由的权利，而且认同感较强，因此，为了给当代大学生带来足够的信任感与安全感，需要建立一个政治民主、有法可依、有法必依、执法必严、违法必究的政治环境，通过这些，大学生可以认识到民主政治的重要性。

为了实现政治环境的稳定和谐、政治民主，需要做到以下几点：

①政府相关部门制定与完善相关政策与规定，使人们的行为活动在一定的规则下进行，对于违法犯罪活动进行严厉打击；同时还需要重视维护社会稳定的相关工作，其中公共事务的解决与自然环境的治理都需要得到重视，以实现社会环境的稳定和谐。

②国家要积极完善民主政治制度，做到法律面前人人平等，充分尊重人民的意愿，保证人民的合法权益，保障人民当家做主的权利。

③国家要抓紧反腐倡廉工作，对于腐败行为与人员进行严厉的打击。坚持从严治党，让党的光辉形象永驻大学生心中。

3.营造文明、先进的社会文化环境

作为未来社会主义事业的建设者与接班人，大学生正确价值观的确立是十分重要的，以文化为载体，可以培育大学生良好的三观。

加强文化建设是以文化为载体进行育人工作的关键，国家相关部门需要从如

高校三全育人的理论探索与实践创新研究

下几个方面来推动先进社会文化环境的建设。

①创作一些时代性的文化作品，进行健康、样式丰富的文娱活动，通过社会文化活动来使大学生提升思想高度，引导学生的思维方式与行为习惯向正确方向发展。

②相关部门要加强市场监督，对于一些对大学生成长有害的文化进行有效抵制，防止非马克思主义文化的入侵，使科学的文化成为社会文化的主流。

③相关部门与社会、学校要联手进行先进文化教育活动的组织与开展，使学生积极承担先进文化发展的责任。

（二）改善管理育人的校园环境

1.改善校园物质环境

校园环境对于管理育人工作有着深刻影响，校园环境中物质环境是前提，改善管理育人校园环境需要从改善校园物质环境入手。这是因为高校的历史传承、文化价值都体现在物质环境中，对于学生的价值观、情感与管理活动中主客体的状态有着重要影响。良好的校园物质环境不仅能够使学生身心健康发展，还可以使学生奋发向上、积极学习，从而提升学习效率。假如在干净整洁、优雅宁静的校园物质环境中，学生在学习中就会注意力集中、心情舒畅、思维敏捷，从而使学习的效率有明显的提升；假如学生处在物质环境极差的校园中，其注意力容易分散、心情疲倦、思维迟钝，从而使学习时的效率降低。所以，对于管理育人来说，校园环境物质的改善是十分必要的，需要引起学校领导的高度重视。

具体来说，可以从以下几方面来进行校园物质环境的改善。

校园无论大小都需要布局合理、校貌整洁，充满文化与学术气息，应创造集规划、景观、建筑于一体优美的育人环境。在细节方面，可以在校园公共地区粘贴宣传海报，在人流量大的地区置办更多的垃圾桶，使校园物质环境干净、整洁。

大学生在校内停留最多的地点是教室与宿舍，这两个地点对于大学生的成长有着重要的潜移默化的作用，因此要加强对于这两个地点的优化。如更新教学设备、多媒体、桌椅板凳，更换床铺、粉刷墙壁等。

净化、绿化、美化校园物质环境。净化主要指的是保持校园的干净卫生，学校要定期组织教职工与学生进行公共场所的打扫，做到地面整洁、桌椅干净、门窗无灰尘等，从而培养教职工与学生的环境保护意识。绿化主要指的是校园的绿

124

植要符合一定的要求，同时规划要合理、有层次，使校园环境优美宜人，满足师生对于美好环境的要求。美化指的是校园的公共设施与环境要大方、美观，能够陶冶人的情操。

2.积极创建有特色的校园文化环境

校园环境除了校园物质环境外，还包括校园文化环境，又可以称为校园软环境。校园文化环境指的是学校所具有的文化氛围与特定精神环境，包括历史、校园人际关系、集体舆论、校风、学风等。和谐、健康的校园文化环境有助于学生良好情操的培养，完成管理育人的工作，使学生全面发展。

校园文化环境的建设需要从以下几方面进行。

①挖掘校园历史与文化传统，将校园文化精髓展示给在校师生，举个例子，可以在公共区域或者校内网上宣传介绍优秀校友事迹，在公共场所张贴校训大字报。

②学校可以通过学生团体组织具有意义的校园文化活动，如文艺晚会、知识竞赛与趣味运动会等，在这些活动中，学生不仅可以增长知识、增强体魄、发挥才干，还能够感受到校园文化环境的育人作用。

③学校可以在校园文化建设中融入传统文化，如开办传统礼仪研修班、国学经典朗诵大赛、红色文化之旅等活动，使学生深入了解民族文化与历史文化，从而增强文化自信，提升民族凝聚力。

第六章　高校三全育人的实践探索

第一节　高校三全育人的实施路径

深入推进高等教育三全育人，需要针对三全育人在实施过程中存在的问题，针对性地提出解决对策。从健全一体化育人队伍、搭建高校育人平台、健全一体化育人体系这三方面来不断优化高校三全育人的效果，拓展三全育人的有效实现路径，以便三全育人理念在高校更好地贯彻和落实，提高高校育人工作的质量。

一、健全一体化育人队伍，实现全员育人

"三全育人要顺利开展并取得实效，必须贯彻党中央文件精神和结合高校实际工作需要，构建一支思想过硬、水平过人的思想政治工作队伍。"[①] 目前高校育人工作中的一大问题是育人队伍不够一体化、系统化。针对这种现象，各高校需要坚持党委统一领导，加强行政管理、领导管理和组织规划，建设教师队伍、干部队伍、校内职工队伍，提升育人主体范畴，促进校园全员育人的实现。

（一）加强领导干部和教师队伍管理与统筹规划

强力的领导班子是高校管理育人工作顺利展开的必要条件。只有在学校党委的统一带领下，才能够有效实施管理育人等工作，同时加强领导干部和教师队伍管理与统筹规划，形成多部门齐抓共管的格局，从而建立强大的精英育人队伍。

---

① 范小凤.论新时期高校"三全育人"德育模式及其运作机制 [D].上海：华东师范大学，2011.

1.坚持党委统一领导

高效工作育人的方向需要高校党委领导来把握，通过对于育人工作的整体把握，制定相应的育人制度和政策，解决育人中遇到的问题，从而实现管理育人工作的有效开展。学校党委要发挥其领导核心作用，将各育人部门团结在一起发挥合力，另外还要加强党组织建设，将育人管理人员纳入党组织，发挥党的政治优势，在党委领导下进行育人工作。只有高校各部门在党委的领导下形成合力，才能够使管理育人工作有效进行。

2.加强领导干部和教师队伍管理与统筹规划

建立校长负责制，校长要对育人工作负责。建立学校党委书记总负责的层层联系、一级抓一级的齐抓共管机制。建立以校级领导为核心的三级联系体系，自上而下的校级管理者领导中层党政部门与二级学院，中层党政部门与二级学院领导教师和中层管理队伍，教师与中层管理队伍领导全体学生，这三级联系体系形成联动机制，共同育人。

校长等领导需要亲自部署思想政治教育工作并进行检查，同时还要重视其他管理育人具体工作的实施。中层党政部门和二级学院的领导要增强管理育人意识，同时要及时发现工作中的问题并解决；高校的教师队伍不仅需要具有育人的能力与职业素养，同时也需要有责任、有担当，然后由教师联系学生干部，深入学生之中，在沟通交流中融入思想政治教育，形成有秩序的梯度式领导管理机制。在这其中最为重要的工作是培训工作，通过培训，可以培养工作人员与时俱进的教育理念与管理知识，通过提升领导与教师的道德素养与职业素养，使管理育人工作得以有效进行。

（二）提高思想政治理论课教师队伍建设水平

对于育人工作来说，思想政治理论课教师具有重要的作用，现阶段对于思想政治理论课教师的要求为思维要新、政治要强、视野要广、情怀要深、自律要严、人格要正，所以需要提升思想政治理论课教师的专业素质与道德素养。

思想政治理论课教师在社会发展的新阶段不但要具备深厚的理论知识，还需要具备丰富的人文社科知识，同时还要具有正确的政治立场、坚定的教育理念、良好的政治素质、解读时事热点的能力、传达党的政策的执行力。另外由于教师需要对学生进行思想上的引导，因此教师要具有爱党、爱国的情怀。

思想政治理论课教师为了追赶飞速发展的时代步伐，需要开放视野，及时更新自身的观念，不断地学习，这样才可以满足学生日益增长的学习需求。

良好的思想道德素质是思想政治理论课教师教学的基础，同时思想政治理论课教师需要具备良好的师德，对自身行为进行自律。"其身不正，虽令不从"[①]，假如教师自身的品德不佳，那么其对于学生的教育就会缺乏权威性，从而使育人效果不能够达到预期。在教学与生活中，思想政治理论课教师需要以身作则、严于律己，发挥榜样的力量，以崇高的人格与精神来影响学生。

思想政治理论课教师只有发挥其主观能动性、积极性与创造性，才能够使课堂效果达到最佳。所以高校要加强对思想政治理论课教师队伍的建设，通过培训来提升思想政治理论课教师的能力，通过激励制度与考评机制来提升教师教学的积极性与主动性，从而提升思想政治理论课教师的队伍实力。

（三）强化校内职工的服务育人工作

育人工作并不只是教师的职责，同时也是领导与其他教职工的责任。为了发挥高校职工服务育人的作用，学校需要从培养其服务育人的意识、提升思想品德素质与工作能力、完善考评机制与奖惩机制来强化职工的服务育人工作。

1.培养校内职工服务育人的意识

（1）注重提供发展性服务

在因材施教的人性化教育的原则下，根据不同学生的不同情况，寓教育和引导于服务之中，即教职工在服务育人中根据学生的差异来进行不同的引导，使学生正确认识自身，从而做好职业生涯规划。

（2）注重提升管理性服务

以学生为中心，制定科学、系统的管理制度，为学生提供优质的校园服务。

（3）注重提供保护性服务

尊重学生的权益，明确学生的责任，保护学生的知情权、人格尊严权、申诉权等权益。

---

① 刘强.论语新识——有竹居古典今读之一 [M].长沙：岳麓书社，2016.

2.提升校内职工的思想品德素质和工作能力，明确其育人工作内容

（1）提升校内职工的思想品德素质

校内职工的道德品质是其进行育人工作的关键，高校可以通过培训来提升校内职工的思想品质，保证职工可以为学生提供优质的服务，实现全员育人与协同育人。

（2）提升校内职工的工作能力

校内职工的工作能力是其提供育人服务的基础。校内职工要抓好重点服务领域。在学习上职工要学会高效、合理使用图书馆，来引导学生进行信息资源的浏览，在生活中提供便利、舒适的生活环境，开展安全和卫生教育。职工还需要根据社会发展与学校的实际情况来调整服务方式。

3.完善考评机制和奖惩机制

高校要明确管理育人的考核评价内容与细则，建立科学的考评机制，注重学生对于服务的反馈和评价，从而改善服务的方式，使学生享受更加优质的服务。

同时，奖惩机制需要落实到服务育人工作中，可以通过奖励与惩罚来提升职工服务育人的主动性与积极性。

（四）拓展育人的主体范围，实现共同育人

高校在现阶段要与时俱进，转变传统的教育理念。全员育人是时代发展的要求，是提升育人效果的必然选择。育人主体并不只有校内的教职工，家长、社会成员甚至学生自身都是育人的主体。只有不断扩大育人主体，才能够发挥全员育人的作用，实现"人皆教育之人"，达到育人理想效果。

受教育者也是育人主体，这是全员育人中的育人工作者需要意识到的，因此需要将学生的主观能动性在育人中充分发挥出来。"因此进一步提升学生自我教育、自我管理、自我服务能力，是全员育人不可忽视的另一层面。"[①]全员育人的实现必须要重视学生的主观能动性，这有助于学生进行自我管理、自我教育。

家庭教育对于学生的发展有重要的影响，是最基础的教育，对学校教育起到补充的作用。家庭教育对于学生的影响是潜移默化的，所以，家庭必须要配合学校进行育人的工作。

社会教育使育人的功能得到增强，育人的范围得到提升。作为育人队伍的重

---

① 胡国良，徐国峰.高校思想政治教育"全员育人"工作的几点思考[J].东北农业大学学报（社会科学版），2014，12(01)：85-88.

要组成，社会群体对于大学生的影响巨大，社会环境与风气更甚。

总之，在学校教育、家庭教育、社会教育的合力下更容易实现全员育人。

二、搭建高校育人平台，实现全程育人

搭建高校育人平台有助于实现全程育人。根据学生在学校的不同阶段，高校可以搭建新生衔接平台、高校主干阶段教育平台、毕业季活动平台等，来覆盖学生在校的所有阶段。

（一）搭建新生衔接平台，开展新生入学教育

大学的学习、生活与高中完全不同，因此高校可以建设一个新生平台促使学生逐渐适应大学生活。如在大一时期，学生的一些学习理念与行为还尚未转变，因此要对其进行衔接适应教育，具体手段为组织新生的多种活动，具体如下。

1.利用军训来对新生进行有效的思想政治教育

我国现阶段的各类大学都会对大一新生进行军训的实践活动。军训可以锻炼学生的身体，同时还可以使学生养成集体荣誉感，培养坚韧不拔的精神。思想政治教育是军训的一项重要功能，可以纠正军训中发现的学生的思想问题。需要注意的是，军训这一实践活动不能只流于形式，而是需要进行科学、系统的设计，通过设计强度由低到高的训练，使学生增强身体素质，同时促进学生的交流，提升学生的集体荣誉感。

2.组织形式多样的教育活动，提升入学教育成效

理论联系实际，只有不断与人交往，才能够使思想观念与行为习惯具有社会性。组织丰富的活动，使学生进行大量的沟通，同时在各种活动中充分融入育人思想，以提升学生的思想道德素质与能力，举个例子，可以组织各种志愿活动、文化活动、社团活动与心理咨询活动等，使学生快速融入大学生活之中，开阔视野，提升交际能力。

另外，高校可以组织学习生涯规划的讲座或者新生晚会来使新生认识学校，对大学生活作出规划。要在各种活动中坚持向新生传递爱国主义与集体主义，使学生建立正确的价值观，选择正确的政治立场。

由此可见，高校新生阶段的活动形式多样，可以提升对大一新生的育人工作效果。

（二）搭建高校主干阶段育人平台，加强正面教育和引导

作为一项连续性较强的工作，思想政治教育需要在大学的每个阶段进行合理、科学的衔接。大二、大三阶段的高校学生处于个体发展的关键阶段，在这一阶段高校需要建设主干阶段育人平台，合理规划育人工作，加强对学生的正面引导。

思想政治教育工作要有针对性。这一阶段的大学教育需要加强对学生的正面教育与引导，将重心放在社会主义核心价值观的内化教育上。处于主干阶段的大学生的思维通常比之前活跃许多，也更加容易接受各种新鲜的事物，因此可以通过社会实践来建立学生的价值观。另外可以树立社会实践中一些先进人物的典型形象，通过榜样力量来使学生规范自身的行为，从而树立远大理想。

主干阶段的大学生需要加强理想信念教育，使其对于社会的负面问题有一个全面、辩证的认知。这一阶段活动的具体方式例如各种主题的团活、红歌比赛、志愿服务、诵读经典诗词等。

在主干阶段，潜移默化的隐性教育有着显著的作用。学校可以开展宿舍文化大赛、节日演出、校园广播站来展示全程育人的效果，同时在学习生活中贯穿思想政治教育。

在主干阶段要细化思想政治教育工作，个体的发展都有着差异性，学校可以以问题为导向，针对不同的学生制定不同的育人政策。深入了解学生的实际情况后，把思想政治教育工作真正落于细微之处，尽力帮助学生解决实际问题。

（三）搭建毕业季活动平台，开展职前教育

对于大四学生需要展开职前教育，这一阶段的学生处在发展教育阶段，需要参与各种社会实践，通过各种平台来接受职前教育。这一时期的重点是社会主义核心价值观的外化实践教育，需要帮助大学生感受角色的变化。在这个阶段，思想政治教育工作需要得到进一步加强。

高校要为这一阶段的学生提供实习的平台，平台管理人员要对学生提供必要的关心与帮助，为学生解决实践中遇到的问题，使学生安全、有效地完成实习。

高校对这一阶段的学生要提供就业指导平台，举个例子，可以通过互联网建设就业信息平台，将就业相关信息展现给学生，使其从中获得就业相关知识。网络就业指导平台可以帮助学生进行岗位面试，签订就业协议。另外，可以通过就

业指导平台对学生进行心理健康教育，帮助学生在就业时保持正常的心理状态，提升其随机应变的能力，建立正确的就业观念。

通常情况下，由于快要离校，部分大四学生比较懒散，纪律性较差，因此高校要想加强学生的理想信念与职业道德，可以通过讲座等形式来进行。

高校可以通过组织大四学生毕业活动来展开情感教育。通过组织情感教育活动，使大四即将毕业的学生进一步加深思想道德修养，建立正确的价值观念。具体的活动形式有举办欢送晚会、道德品质颁奖会、有奖知识竞赛等。

三、健全一体化育人体系，实现全方位育人

全方位育人有助于建立有效的多维育人格局。因此它需要家庭、学校与社会形成育人合力，建立三位一体的育人体系。

（一）建立健全高校"十大育人"体系

为了实现空间上全方位覆盖的效果，需要建立以"十大育人"体系为基础的一体化育人体系。实现全方位育人，需要完善育人机制，挖掘育人要素，充分发挥课程、科研、实践、文化、网络、心理、管理、服务、资助、组织等方面的育人功能。其中的课程、文化、实践、网络等方面是全方位育人的重点。

1.统筹推进课程育人

课程育人是三全育人的主要内容，顾名思义就是通过教学课程进行育人活动。作为全方位育人的主要途径，课程育人的作用不言而喻，现阶段高校必须坚持统筹推进课程育人，将课程的作用与功能充分发挥出来，提升育人的效果。

①思想政治课的教学内容不能够落后于时代，需要基于社会的发展与学生的成长规律来进行选择。同时还需要紧密联系高校不同的课程，使其相互补充，加深学生对于知识的系统理解。对于非思想政治教育课程中的智育与德育，课程育人也需要深入挖掘，在其中进行潜移默化的思想政治教育。

②课程育人需要教师在教育中根据学生的实际情况来灵活选择合适的教育方式与教育方法。这要求教师不仅要有充足的理论知识储备，同时还需要能够结合社会热点，综合应用的能力，举个例子，采用新闻案例教学法可以提升学生的学习热情与积极性，提升育人质量。

③课程育人需要传递热爱国家、热爱科学的思想，这就需要教师在进行课程育人中使用科学的世界观和方法论，这样可以融合情感教育、社会教育引导正确政治立场，提升学生的道德修养。

2.深入推进网络育人

作为全方位育人的重要实现路径，网络育人可以推进三全育人的有效进行。习近平指出："要运用新媒体新技术，推动高校思想政治工作传统优势同信息技术高度融合，增强时代感和吸引力。"① 在科技发达、信息传递飞快的今天，高校必须要利用好互联网进行教学工作。

（1）利用网络丰富教育内容

网络上有着大量的教学信息与教学资源，教师与管理者可以在其中发现丰富多样的教学内容，可以将有教育意义的信息资源应用到育人工作中。

（2）深入推进网络育人，利于实现全方位育人

高校可以通过在线教学与课堂教学的形式进行育人工作。为了增加师生之间的交流，学校可以建立校内的网络信息平台，从而使教师充分了解学生的情况，引导学生更加理性化地处理问题。对于网络信息平台的维护，高校可以选择优秀的同学来进行这项工作，其工作内容为监控平台上的发言，及时清除不良信息，优化网络文化氛围，提升学生的网络道德修养。

（3）利用网络丰富教育形式，增强生动性

科学成果在教育中的应用促进了教育的现代化。在高校思想政治教育工作中引入互联网技术，可以打破时间与空间的限制。

3.深入推进文化育人

文化育人在三全育人中的作用不可忽视，文化育人功能的实现有助于落实三全育人工作。高校可以充分发挥中华优秀传统文化的作用，不断提升革命文化的教育作用，积极开展社会主义先进文化教育来促进文化育人功能的提升。

（1）高校要充分发挥中华优秀传统文化的作用

高校可以通过组织传统文化活动、建设文化传承基地的形式来继承与发扬我国的优秀传统文化。在校园中融入优秀传统文化，使学生近距离地感受中国传统文化的博大精深，陶冶学生的情操，培养其民族自信与自豪感。

---

① 习近平.在全国高校思想政治工作会议上强调把思想政治工作贯穿教育教学全过程开创我国高等教育事业发展新局面 [N].人民日报，2016-12-09（001）.

（2）高校要不断提升革命文化的教育作用

革命文化是我国先进文化的重要组成部分。高校需要将革命文化应用在各类高校的活动中，如举办歌舞音乐会、舞台剧、宣传革命英雄事迹等，来对大学生进行革命文化教育，使大学生了解到我国革命先辈的伟大事迹，提升政治觉悟，建立投身社会主义建设的决心。

（3）高校要积极开展社会主义先进文化教育

高校需要通过文化对学生进行社会主义先进文化教育，具体可以分析一些社会热点、优秀事迹来向学生传达其中蕴含的先进精神。举个例子，在疫情防控阶段，高校可以组织与抗击疫情相关的宣传栏目，介绍一些典型的先进榜样与事迹，同时还可以进行相关作品的征集，鼓励学生进行创作。另外，为了践行社会主义先进文化，学校可以为学生组织社会实践活动，使学生将社会主义核心价值观牢记心中。

与此同时，校园文化的建设也是高校育人工作中的重点。校园内的课外活动作为第二课堂可以发挥重要的作用，如党团活动、名师讲座等可以提升学生的知识，陶冶学生的情操；文娱活动可以丰富学生的阅历；教研活动与学习交流可以培养学校良好的学风与校风。高校在进行文化育人时，可以通过宣传社会上的榜样的方式使学生规范自己的言行。

4.着力加强实践育人

实践是育人活动的重要组成部分，教育是一种培育人才的实践活动。实践育人的理念与马克思的观念不谋而合，二者都认为将智育、体育和生产劳动相结合，不但能够快速提高社会生产力，同时还可以促进社会的全面发展。高校实践育人作为三全育人的重要载体，不但可以提升受教育者的能力，挖掘受教育者的潜能，同时还可以促进受教育者全面发展。

高校实践育人可分为课堂实践教学与课外实践教学，受限于课堂的时间与空间，课堂的实践教学方式有课堂演讲、电影观后感、辩论会、模拟法庭、案例分析会、小品表演等形式，这些形式的实践活动可以提升学生的学习热情，使实践育人效果更加有效。而课外实践教学没有空间与实践的限制，尤其是假期中，可采取更为有效的社会实践活动，使学生参与到社会调研、志愿活动等。

大学生的社会实践活动需要以自我服务和自我管理为主，尤其是志愿服务。

实践在任何阶段都是十分有效的育人方式之一，高校的实践育人需要保障大学生的身心健康，同时实践活动要有意义、有价值，学生在实践中可以实现知识与技能的提升。高校的一些部门需要从战略角度来部署大学生的实践活动，同时对其进行有效管理，使实践育人活动不流于形式。

（二）建立健全"全方位"育人主体的联动运行机制

高校育人活动并不能一蹴而就，高校在育人工作中也不要孤身奋战，需要联合多方力量进行工作上的协调，从而实现全方位育人。

1.充分发挥高校育人的主体作用

高校的根本任务是立德树人，作为育人的主阵地，高校需要建设高水平的教师队伍，通过课程育人、文化育人等形式实现对于高校大学生的全方位培养。

2. 发挥家庭育人的基础作用

家庭对于学生有着潜移默化的教育作用，为了达成全方位育人这一目标，家庭教育需要配合学校教育进行育人工作，满足受教育者对于物质和精神的要求。家庭在对学生进行育人时，需要根据不同学生的不同情况配合学校进行因材施教，使学生在学习与生活中的问题得到有效解决，保障学生的茁壮成长。

3.社会各界应当承担一定的育人责任

全方位育人需要社会各界在其中贡献一定的力量。高校为了使学生在实践中更多地接触社会、适应社会，可以将实践育人作为思想政治教育全方位育人的突破口。社会各界力量都应该积极配合高校，为实践育人提供相应的社会环境，引导学生健康地成长。

三全育人工作机制作为一个有机整体，需要学校、家庭、社会的共同参与、共同协作。在相关管理部门的统筹下，学校、家庭与社会进行相应的沟通，在合作中强化自身的能力与职责，不但可以促生"处处皆教育之地"的现象，还能够保障三全育人的有效性。现阶段，全方位育人重在各育人主体的联合与协作基础就是"合"，所以，落实三全育人，需要在高校的主导作用下，与家庭、社会等方面建立联合性的育人体系。

第二节　高校三全育人的构建机制

一、构建三全育人联动机制，形成教育合力

（一）提升育人队伍的素质，提升育人质量

1.开展"两学一做"系列教育

学党章党规、学系列讲话，做合格党员，通过党课、团课、培训会和研讨会的方式培训全体教职工，使其加深对于马克思主义的理解，全面提升育人队伍的专业能力与政治素养，使育人队伍符合时代要求。

2.强化教师育人职责

高校育人队伍需要建立在正确的价值观念的基础上，不但要有扎实的理论知识，同时还要具备充分的专业知识、政治理论与必备技能。在教学和管理的全过程中秉承"育人为本、德育为先"理念，在教学中融入育人。

3.要重视师德师风建设

高校育人队伍要以德施教、寓教于行，在教学中以高尚的道德修养和行为作风来影响学生。同时切实了解学生的真实情况与具体需求，对于学生的意见与建议要全面考虑，真正成为学生全面发展的引导者与政治理论的传播者。

（二）形成立体化、全方位的育人格局

高校的全体领导与教职工需要加强彼此之间的联系，打造育人共同体。

加强党团建设和理论学习，党政管理干部需要发挥其领导作用，同时提升政治水平，从而更好地进行思想政治的指导工作。

通过多种形式减轻辅导员的工作负担，提升辅导员与班主任的待遇，使其可以在学生工作中更加投入；专业课教师需要对传统的教学观念进行改善，在教学中兼顾知识的传授与思想政治的教育，实现课程思政育人；管理人员等教职工需要做好服务工作，增强责任感，时刻关注学生的需求；同时还需要进行相应的培训与考核，这样可以提升育人队伍的水平与育人效果；最后，育人队伍要与学生及时沟通交流，使学生全面成长，真正成为育人工作的中坚力量。

（三）建立家庭、学校、社会、学生四位一体的协调联动育人格局

1.要充分调动家长的积极性

学校育人队伍要积极与家长进行沟通，将学生在校状况及时反映给家长，双方建立良好的协作关系，通过制定学生的成长方案来使其健康成长。

2.要充分利用社会资源和平台，发挥社会方面的育人功能

高校可以通过举办校外实践活动来使学生更快地适应社会，通过社会资源与社会平台使学生增强实践经验。还可以邀请先进个人和集体到校做演讲或者讨论，发挥其榜样的作用。

3.加强对学生育人功能的重视

建立学习激励机制，通过表彰学习优异的学生来激励广大学生进行良性竞争，奋发学习，从而形成良好的学风，营造积极向上的学习氛围。

4.调动高校育人队伍的积极性

建立对育人队伍的评价机制与奖惩机制，来提升育人队伍的主动性和积极性，使育人队伍成员努力提升自身的水平，指导好学生的成长。

二、创新完善三全育人教育机制，提高育人实效

（一）确立科学合理的教育目标

高校党委领导需要坚持社会主义大学的办学方向，基于学校特色和学生实际情况，具体情况具体分析，参考学生发展规律与教育规律，树立合理、科学、系统的教育目标，逐步展开三全育人工作，保障高校育人工作的水平和效果，顺利实现教育目标。

（二）全面改进和创新思想政治教育工作

1.改革创新教学模式

教育者需要改变传统教学理念，这样才能够使用多样化的教学方式和方法进行多样化的授课，以及培养学生主动解决问题的能力。教师还需要分清教学的重难点，对于抽象的知识进行相应的转化，使其成为简单易学的具象语言。另外，

教师还需要在教学中融入爱国爱党教育，举个例子，可以在班级或者年级范围内讨论社会热点，将隐性教育与显性教育相结合，增强学生的价值认同感与社会责任感。

2.创新教育方法与手段

教师可以在教学过程中充分利用互联网技术与数字技术，提升教学工作的效率，如教师可以通过互联网寻找合适的教学资源来对学生进行针对性教学，使学生的学习内容保持实时性。

3.优化课程体系

现阶段高校课程体系存在一些不足。高校为了合理安排思想政治理论课教学，还可以设立心理健康教育、就业创业指导教育等课程来使学生健康成长。同时还可以设立网络课程，如公众号、学习平台等，使教育不受时间空间地限制，达到随时随地学习的效果。

教学者需要将自身的能力随着时代的发展而更新，通过学习与培训提升自身的职业素养，以更好地服务于高校育人工作。

（三）强化校园环境建设和管理

1.要加强对校园秩序的规范和管理

为了使校园维持安全有序，学校要建立合理、规范的规章制度。对于互联网环境与舆论，学校要成立专门的部门进行管理，如监管网络环境，对各种网络信息资源进行甄别与筛选，利用合理的渠道宣传党和国家的政策制度，推广学术网站等。

2.加强校园文化阵地建设

高校可以举办丰富的文化活动，如艺术节、文化节等，通过发展校园文化，突出校风校训，夯实社会主义先进文化基础，发扬社会主义核心价值观，提升高校育人的成效。

3.要加大对校园基础设施建设的投资力度

高校要利用现有资源，争取更多资源来为学生提供学习与成长的优良环境。对于图书馆、教室、餐厅、宿舍等基础设施，学校要及时地完善。对于校园环境，学校要保持整洁，促进全体教职工与学生构建和谐的校园环境，将高校思想政治教育工作真正落实到位。

（四）增强思想政治教育教学各环节的衔接性与针对性

大学阶段是人一生中的重要阶段，在大学，人可以获得认知与行为上的成长。在大学的不同阶段，大学生的特点也不尽相同，因此高校要基于不同阶段学生的特点与发展规律，做好思想政治教育工作，在育人中渗透三全育人理念，使学生树立正确的价值观念。

对于大一新生来说，辅导员在他们的日常生活与学习中发挥着重要作用，辅导员应该指导学生通过各种交流活动积极融入大学生活，同时还要关注学生的心理健康，为学生做好职业规划。

对于大二和大三阶段的学生，需要对其进行专业教育，使此阶段的大学生的专业知识与专业技能得到丰富和提高，同时还要注意锻炼学生的创新能力。

对于即将毕业的大四的学生来说，学校要多为其开设考验、实习与就业等相关课程，使其了解社会上的就业形势。另外，学生需要多与社会接触，通过实际考察来明确自身的发展方向。

展开有效思想政治教育的前提和基础是教师与学生建立和谐的教育关系。在教育准备环节，教师需要深入了解学生的个人情况，从而更好地对其进行因材施教。在教育实施环节，教师需要充分发挥好思想政治理论课的主渠道作用，实现理论教育环节和实践教育环节的有机结合。

在实践环节中，校外实践必不可少，不可或缺，教师可以组织学生参与慈善公益活动，参观博物馆、革命文化基地，参与志愿者服务活动等，以使学生的思想观念在实践中得以有效提升。另外，要重视反馈调控环节，举个例子，学校可以建立德育考核评价机制，通过考评来了解学生的实际情况、存在的问题，从而改进育人工作、优化育人过程、完善育人效果。

要利用好大学生的假期进行思想政治教育工作。高校相关教育并不只是停留在校园中，在寒暑假期中也需要做好教育活动，举个例子，学生可以通过参加社会调研、暑期实践活动来提升自己的能力。在社会实践中，学生可以开阔视野，提升综合素养，并且将社会意识、责任意识、服务意识提升到较高水平，塑造学生健全的人格。

另外，网络这一媒介需要被高校应用到大学生教育中，尤其是在假期期间，学校可以通过互联网与学生家长进行有效的实时沟通，从而保障学生在假期中可以安全、健康成长。

三、优化健全三全育人评价机制，落实育人工作

评价机制有助于保障工作完整、流畅地进行，对于三全育人工作来说，健全三全育人评价机制，不仅可以增强教师队伍育人的积极性，还可以间接提升育人队伍的职业素养和道德水平，在做好育人工作的同时提升自己，实现三全育人的目标。

（一）完善考核评价内容

首先需要明确评价的流程和细则，要根据学校的实际教育情况来制定相关的考评内容，使考评不流于形式，且内容合理。考评的具体内容包括学生的思想政治状况及学习情况、育人队伍的综合素质及工作情况、教育者与学生之间的互动情况等方面。

（二）明确评价的主体与对象

三全育人的考评对象并不只是教师与学生，学校所有的教职工都包括在内。这样可以保障考评的公平性，监督人员要对考评过程进行有效监督，对班主任、任课教师、辅导员、后勤管理人员和学生进行合理、系统的考评工作，从而更好地完成育人效果。

（三）创新优化评价方法

传统的评价方法已经不适用于当下的高校教育，因此要对高校三全育人考评方法进行创新，使评价方法具有多样性、灵活性。可以利用互联网进行线上考评，如网络调查、问卷调查等。

第三节　高校三全育人的价值与意义

一、高校三全育人的价值

全员、全过程、全方位育人的三全育人是党和国家站在社会重大关切的高度，对中国特色高等教育育人格局、育人体系、育人路径的宏大命题所提出的思想方略。因此，在新时代需要高度重视高等教育工作，关注高等学校培养什么人、如何培养人等高等教育的根本问题，着重加强全员育人、全过程育人、全方位育人，使三全育人成为一种具有丰富内涵的中国特色社会主义教育思想，展示新时代高等教育在教育理念、教育形态、教育模式创新发展方面的时代特征与内在要求，推进高校育人从教育理念到思想内涵、从价值观到方法论的深刻变革。

（一）三全育人突出了高校育人的核心价值

彰显了高等教育立德树人的根本标准下对"人"的关注。教育是培养人的社会实践活动，这是教育最基本的属性，也是教育在谈及政治功能、经济功能、文化功能等一切属性的前提和基础。从人本主义出发认识我国社会主义立德与树人的关系时，应该看到，立德树人最根本的要义就是围绕"人"去正德和育人。

立德是树人的前提，树人是立德的归宿，立德最终是为了树人，高校培育担当民族复兴大任的时代新人，实质上就是高等教育"立育人之德"和"树有德之人"的辩证统一。为此，在高校办学实践中尤其需要摆正大学育人与造材、教育性与学术性、知识与价值等重大问题的关系，这是认识三全育人价值思想的理论基础。

三全育人强化一切为了育人的目的、一切服务于育人的宗旨。一切贯穿育人的过程，其教育思想的理论包含着深刻的含义。

1.大学办学的教育目标要始终指向"人"的发展目标

人是教育的出发点和最终归宿，对人的本质认识决定了对教育的根本价值追求。当今的大学面临很多诱惑，也肩负很多任务，但是，无论是建设世界一流大学还是在某个领域办成顶尖学科，大学的第一使命始终是围绕人的培养来开展工作育人，这是大学最根本的核心任务，是大学贡献社会的前提和基础。

面对充满着不确定性的未来，卓越的大学从思想到机制、从内容到模式、从方法到手段都要围绕和紧随发展中的人的步伐，满足发展中的人的需要，这样的教育才会是成功的教育。教育是一种必要的乌托邦，只有培养出对美好充满向往、对未来充满期望而富有创造力的人，才能实现人对现实的超越，推动社会不断进步与发展。

2.价值观教育是"人的教育"中的显性主题

"人的教育"首先要关注人的精神与灵魂，道德教育是亘古以来教育的主题。联合国教科文组织提出了世界性高等教育的三大危机，即道德危机、质量危机、财政危机，道德教育居于首位。特别是在信息时代、智能时代、技术时代的今天，价值观教育是人认知生命体、与物化的世界建立信任关系的重要一环。中国特色社会主义教育明确立德树人的教育使命将德行培养和人格锻炼确立为人才培养的核心任务和根本标准，以"立德"的优先性确保"树人"的正当性，突出"立德"对"树人"的价值限定、过程管理和方向引领作用，有效地契合了时代发展对健全人格和全面素质的要求，这是三全育人构筑大思政教育格局的根本价值所在。

3.大学一切办学活动要融入教育性

大学的本质是教育性与学术性的统一体，但不是学术性与教育性的简单相加，而是通过学术活动并在学术活动中实现教育的目的。教育哲学家涂又光先生曾提出关于教育自身的概念，办学活动不同于教育自身。学校办得好才能促进教育、实现教育，办得不好，则会阻碍教育乃至摧毁教育。应该认识到，大学不同领域的教育实践活动涉及许多方面，包括教书育人、科学训练、管理思政、服务育人、思维培育、文化熏陶等，只有所有这些活动都以各自不同的内涵与方式发挥教育增值作用、促进人的进步与发展，才能称其是好的教育，否则，办学活动就体现不出自身的价值。

（二）构筑一种创新的教育形态

描绘新时代高等教育立德树人的新图景。学校是系统化、组织化、规模化地进行教育教学活动的社会机构或教育组织，其教育形态在不同的历史时期以不同的表现形态满足社会的需求。高等学校长期以来形成的学科化、专业化、单位化、网格化的组织形式和办学模式，需要随着时代的步伐不断地做出调整，这样才能及时对快速发展变化的社会做出回应。

如今大学教育正面临时代的巨大变化，传统教育人才培养表现出的思想观念、教育模式、教育方法与时代要求的不相适应、疏离甚至背叛已经成为学校教育不能回避的事实。三全育人正是从一种新的教育时空观的角度出发，尝试探索一种新的教育形态来对时代和社会做出回应。

1.在教育主体上

以关注学生的成长为主题，探索跨越学校的组织边界，构筑一种多领域、多主体、交互作用、协同发展的育人"场域"，推动教师角色的转化与学校形态的变革。教师由传统的知识传授者变为思想的指导者、信息的整合者以及育人场域的统合者，学校教育的触角得以不断延伸，形成一种空间与时间、有形与无形、线上与线下无缝链接的教育形态，体现一种多元多维的教育时空观。

2.在教育过程中

更加注重教育过程的完整性、统一性与阶段性，深入探索学生成长规律与教育阶段的发展规律，把关注范围扩展到学生健康人格成长的全过程，打破和化解大中小学教育在创新人才目标、内容、选拔、培养方面的隔离、矛盾甚至冲突，建立不同教育阶段的衔接、对接以及贯通机制，同时突出高等教育不同阶段的主题内涵与特征，从而体现出一种系统的教育观。

3.在教育机制上

三全育人的"十大育人"体系从学生成长的环境、学习的内容、活动的边界以及可以借助的各种教育载体与媒介去挖掘、生成、发展教育的元素，融会教育内容、教育手段、教育技术、教育环境等各领域形成"人化"与"物化"兼容的育人环境和育人格局，滋生出大学场域独特的精神文化，使学生在这种文化陶冶和习性训练中获取品格、知识、体能、心理的全面成长、和谐发展，体现一种教育的生态观。

（三）展示出新时代教育价值观

三全育人以系统性的全要素联动方略构筑"大思政"育人格局，展示出新时代价值观教育源于思政且超越思政的教育方法论意义。我国高校思政教育如何成为切实产生效能的教育活动，这是长期以来困扰高等教育的一个难题。一个根本性的问题就在于思政工作长期局限于思政领域去认识问题，很少从人的生命成长及其影响因素的复杂视域整合思考，这样导致从深层次上挖掘人的身心特征与教育活动的规律不够深刻，导致教育效果不尽如人意。

三全育人思想从全主体、全要素、全过程、全方位的思想出发来探索与推动思政格局的建构。这是基于把人与其生活的世界联系起来的一种认识规律的反映，本质上是一种促进人全面成长进步的整合性路径或方略。这种方法论思想对于高等学校思政教育工作具有重要的启示意义，主要表现在三个方面。

1.高校以全员皆为教育者的角色定位构筑育人共同体

教师教育教学体现出的是关爱学生、敬畏知识、诲人不倦、甘为人梯，科学研究体现出的是实事求是、独立思考、坚持真理、质疑求知，管理服务体现出的是认真负责、勇于担当、敬业乐群、默默奉献等，这些都是大学育人共同体的整体建构与表达，充分体现出大学育人机构立德树人的"德行为先"，渗透于高校每个育人环节的活动内容中，不仅通过行为示范、言传身教，使道德精神与知识创新润物无声、薪火相传，而且通过共同体多元主体的交流、合作、互动、对话，在实践中实现共同成长与进步。

2.思政教育要在学生全面成长中寻求着力点

大学思政教育是一种复杂的教育活动，要深入地认识和理解它的对象、目标与内涵，就必须把学生作为一个独立成长发展的"人"来看待，将价值观教育置于学生个体知、情、意、行的成长系统中去实施，而决不能机械地头痛医头、脚痛医脚，把德育视为独立于整个教育活动之外的另一种教育。

所谓"超越思政"，指的是思政教育绝不是简单等同于政治方向、意识形态、价值观、道德品质等思想教育内涵的单项相加，而是要在学生认知、思维、心理结构与个性发展的整体发展中去注入、渗透、培育、养成。这是思政教育的难题所在，但这也是其魅力所在。思政课教师要在学生心灵深处埋下真善美的种子，引导学生扣好人生的第一粒扣子，做到政治要强、情怀要深、思维要新、视野要广、自律要严、人格要正，"六要"要求深刻体现出三全育人源于思政且超越思政的教育目标。

3.以学生为中心推动深层的教育教学改革

一切办学活动应以学生为中心，这既是教育活动的目标又是教育活动深刻的内在规律，正如有学者总结的那样，以学生为中心不是因为它更道德，而是因为它更科学。尤其在现代信息社会中，教师与学生角色的转变成为有效教育活动的必然要求，因为高度发达的数字信息化时代加强了学生在学习、接受方面的便捷性。

二、高校三全育人的意义

在新历史坐标下，三全育人符合党和政府对高等教育发展提出的新要求，顺应新时代人才培养的发展趋势，有助于高校完成根本任务。三全育人具有积极贯彻国家关于高校思想政治工作的政策、加强思想政治教育的薄弱环节、体现思想政治工作的突出特点、促进德育理论研究向纵深发展等重要意义。

（一）积极贯彻国家关于高校思想政治工作的政策

作为社会主义事业的建设者与接班人，大学生十分有必要接受思想政治教育，这样不仅可以巩固党的执政基础，还可以推动社会主义现代化的进程。我国政府已经出台了多项关于重视大学生思想政治教育工作的政策和文件，促进了高校思想政治工作的进行。

在当下，国外的一些优秀文化与思潮传入我国，与我国文化形成良性的竞争，与此同时，国外的一些错误思潮、价值观念也悄无声息地在我国传播，而且这些错误的思想传播广、影响深，具有隐蔽性，这对于我国大学生的成长有着负面的影响。大学生的可塑性很强，其价值观尚未建立，或者基础不牢，很容易受到一些错误思潮的影响。三全育人符合国家关于加强思想政治工作的要求，为大学生的价值观念确立起到了引导作用，响应了党和政府关于高校思想政治工作与时俱进、创新发展的号召。

我国政府十分重视高校的思想政治教育工作，并出台了多个文件与政策来支持。高校培养什么样的人、如何培养人以及为谁培养人这个根本问题是高校思想政治工作要考虑的关键问题，需要将思想政治教育放在"事关国家和民族未来"的层面上进行规划，这也是立德树人根本任务的重要要求。

1.明确思想政治教育的指导思想和基本原则

思想政治教育必须坚持马克思主义，不仅是思想政治理论课，还要在其他课程中也融入思想政治教育，将先进的马克思主义融入各学科中。同时还要深入学习习近平总书记治国理政新理念、新思想、新战略，使高校教职工与学生领略其中精髓，树立核心意识。

在高校育人过程中，落实社会主义核心价值观，在校园文化建设中，融入社会主义先进文化、中华优秀传统文化和革命文化，坚持理论与实践相结合、坚持教书与育人相结合、坚持解决思想问题与解决实际问题相结合。

2.加强思想政治教育工作队伍建设

一支专业的高水平的思想政治教育工作队伍是完成思想政治教育工作的关键。思想政治教育工作队伍不仅包括思想政治理论课教师、辅导员、班主任，还包括党政干部进与其他专业课教师。只有完成对思想政治教育队伍的培养与提升，才能够使思想政治教育工作顺利进行，让高校的思想政治教育取得既定效果。

3.提出大学生思想政治教育的有效途径

高校思想政治教育工作不能够原地踏步，也不能够采用陈旧的方法来对现代的高校大学生进行教育，需要因时而进。首先需要充分利用好课堂教学时间，推动课程思政的发展，树立大思政的概念；其次要深入挖掘第二课堂的功能，同时要利用好线上教育；最后需要在社会实践中融入思想政治教育，形成协同效应。

高校思想政治教育工作者需要科学把握信息传播规律，加强网络意识形态教育研究，改变长篇大论和空洞说教的工作方法，重视应用微博、微信、移动客户端等大学生易于接受的新型媒体，通过社会主义核心价值观来引领学生的发展。同时三全育人可以通过组织丰富多样的校园文化活动，建设积极向上的校园文化氛围。

（二）加强思想政治教育的薄弱环节

高校在国家的重视下，思想政治教育工作有了明显的提升，效果也十分显著，但是随着经济全球化的发展，我国高校思想政治教育中仍存在一些薄弱环节需要及时补救，三全育人可以对薄弱环节进行改进，以保障高校育人的效果。

1.去除思想政治教育存在形式主义的弊病

党和国家历来都十分重视高校的思想政治教育，这是由于它是当代各种思潮的竞技场，同时也是意识形态导向鲜明的前沿阵地。国家致力于高校思想政治教育工作的创新，但是仍然存在着一些工作流于形式、一些疑难杂症得不到解决的问题。

在思政课程向课程思政的转化中，专业课的任课教师有的认识不到思想政治教育的重要性，认为只做好自身的本职工作就行，一部分教师在认识到在专业课程中仍未采取有效措施进行课程思政育人工作。这是因为这些教师认为思想政治教育仅仅是思政教师与辅导员的工作，与自身关联不大，因此高校要重视思想政治工作，采取一定的措施来促进专业课中的课程思政育人。

2.改善思想政治教育单一落后的手段方法

传统的教学一般都采用灌输法向学生传授知识，这种方法有利有弊，虽然可以使学生对知识有一定的了解，但是也扼杀了学生的能动性与创造性。强制灌输很难激发学生的能动性与自觉意识，而且还可能使学生产生逆反心理，所以需要通过三全育人来进行育人理念的更新，创新育人的方法。

3.强化情感教育的功能

教育中的主导——教师和主体——学生都是"人"，思想政治教育要立足于"人"，以人为本进行教育活动。思想政治教育可以使学生将一系列的社会规则与行为规范内化为自身的意识和动机，然后再降级外化为品格与素质。所以，思想政治教育的关键是让受教育者自愿进行学习，从而产生认同感。

高校思想政治教育中存在着只重视知识的传播，忽略情感教育的问题，所以要加强对学生的情感教育。对此，教师应有清晰的认识，并及时更新教育理念，关注大学生在情感生活中的情感体验及品格发展。尽管我们一直强调思想政治教育既要晓之以理，又要动之以情，但在具体的教学实践中，又往往弱化了情感的功能，一些教师在传道授业解惑的过程中，不懂得也不善于使用情感教育。结果往往是现行的道德教育带有明显的唯理性倾向，重理性知识传授，轻感性体验内化；重外在理智控制，轻内在情绪调节。受多种因素的影响，学生对老师更多是怀着敬畏之心，师生间的交流与沟通较少，关系不够密切。因此，做好思想政治工作必须深化以人为本的理念，重视情感交流对学生人格的培育。

4.新媒体给高校思想政治教育带来了巨大冲击

随着互联网的高速发展，新媒体不断涌现，一方面大量涌入的信息资源开阔了大学生的眼界，丰富了他们的知识；但另一方面互联网的虚拟世界也为学生提供逃避现实的港湾，造成一些大学生过分依赖网络、上网成瘾，尤其是网络上充斥着各种恶俗、暴力等内容，对大学生的思想、价值观念的冲击非常大。有些外媒网站甚至发布和传播一些诋毁和丑化我国的内容，宣扬和传播资产阶级思想，企图渗透学生的意识形态，腐蚀学生的心灵，对我国主流价值观的宣传教育构成了极大的冲击和威胁。新时代背景下，高校进行思想政治教育工作既要重视互联网和新媒体的作用，同时也要警惕其带来的负面影响。

（三）体现思想政治工作的突出特点

思想政治工作的对象是"人"，是提高个人思想觉悟的工作，主要解决人的思想、观点、政治立场问题。思想政治工作是高校工作十分重要的组成部分，也是做好其他一切工作的有力保证。思想政治工作的丰富内涵与外延，是思想政治工作的鲜明特性。思想政治工作的内涵，是思想政治工作存在与发展的根据，它决定思想政治工作的性质与形态；思想政治工作的外延，是指思想政治工作的边界或范围，它受思想政治工作内涵的制约与调控。把思想政治工作贯穿教育教学全过程，实现全程育人、全方位育人不仅蕴涵思想政治工作的内涵特性，而且也标示思想政治工作的外延特征。

1.展现了思想政治工作的意识形态性

意识形态性是思想政治工作的鲜明特性。思想政治工作与社会主义意识形态的关系是直接而基本的关系。意识形态工作是一项极其重要的工作。高校是党的意识形态工作的前沿阵地，也是党的意识形态工作的独特战线。高校的意识形态工作，最根本的就是要坚持以马列主义、毛泽东思想、邓小平理论、"三个代表"重要思想、科学发展观和习近平新时代中国特色社会主义思想为指导，坚持中国特色社会主义道路和制度，以社会主义核心价值观为引领，保障高校的社会主义发展方向。

高校意识形态工作的地位与作用，决定了高校要把思想政治工作贯穿教育教学的全过程，坚持育人为本、德育为先，把思想政治教育摆在更加突出的位置。只有这样，才能充分发挥思想政治工作保证方向、提供动力、增强活力与凝聚力的作用，提高我国高等教育发展水平，增强国家核心竞争力。

2.展现了思想政治工作的全员性和全程性

在我国，思想政治工作不仅具有覆盖全体的全员性，而且具有过程的全程性。所谓全员性，是指所有社会人员都要参与思想政治工作、接受思想政治教育，他们既是教育者，又是受教育者。其中，共产党员特别是领导干部、青少年学生是思想政治工作开展的重点；各级党组织、共青团组织和工会组织，担当着思想政治工作的重要职责；各行各业有不同类型的思想政治工作。所谓全程性，是指思想政治工作过程的持续性，包括思想政治工作环节的完善及其衔接，也包括把思想政治教育贯穿到大学生学习、生活的各个方面，营造良好的外部环境。

高校思想政治工作覆盖高校所有的党政机关、群团组织、学术机构和教职员工，也就是所有的组织机构和成员都必须参与思想政治工作、接受思想政治教育，特别是各级党组织和广大党员、思想政治工作者和教师，不仅要带头接受思想政治教育，当好学生，提高思想政治素质，而且要结合自己所做的工作，面向学生教书育人、科研育人、实践育人、管理育人、服务育人、文化育人、组织育人，把思想政治工作贯穿到教育教学、管理服务、日常生活中去，真正做到全程育人、全方位育人。忽视、轻视思想政治工作，不参与思想政治工作，不接受思想政治教育，实际上是放弃育人职责，背离正确办学方向，只会给学生带来消极甚至错误影响，阻碍教育教学地正常进行。

（四）促进德育理论研究向纵深发展

育人为本，德育为先。德育教育必须紧密结合现实社会的发展要求，建立在解决现实问题的需求之上。我国学校德育理论研究在市场经济和政治民主化的推动下，经历了从科学化阶段到现代化阶段再到人性化阶段的历程。德育理论研究的每一次进步和突破，都是在新的时代背景下对过去德育教育理论体系的发展，是与现实结合的产物。

当今，我国经济社会发展步入新常态，德育理论研究也进入了新的阶段。各个领域的深化改革、各种意识形态的交融交锋、互联网的全面覆盖、科学技术的迅猛发展等都赋予了德育教育更为丰富的内涵，其概念和范畴也应随之发生相应的变化。当今社会更加开放，整个世界的联系变得更加紧密，环境的开放性使得受教育者更方便、更快捷地接受海量信息，也基于此，受教育者的价值观、思维方式等也更易受到外界因素的影响。这样的大背景也对高校德育工作提出了新的更高的要求。高校德育工作者只有不断更新理念，建立与时代相适应的新思想、新方法、新模式，才能保持其蓬勃的生命力。

德育教育是一项系统工程，需要调动各方力量、整合各方资源，因此，德育教育必须打破过去单一、封闭的模式，建立一个整合、开放的体系，也只有这样，才能适应新时代的要求，才能最大限度地发挥其实效性。三全育人的提出无疑是当前及今后一段时间高校德育工作的主旋律，加强其研究有利于构建开放、动态、整合的德育模式，实现德育理论研究的不断深入发展。

1.推进高校德育创新发展

中华人民共和国成立以来，特别是改革开放以来，高校德育工作在探索改革中不断前进发展，取得了丰硕成果。但是，必须清醒地认识到，由于历史及现实的种种原因，我国高校德育工作在思想、理念、体系、方法、手段等方面仍然比较落后。必须立足现实，积极引入先进的理念，把理论与实践结合起来，推动高校德育工作创新发展。

三全育人建立的是一种大思政观，将理论研究和实践探索紧密结合，一方面，坚持党和国家对高校德育工作的领导，调动一切力量，充分利用多种积极因素，进一步拓宽教育渠道，促进德育理论创新发展；另一方面，立足当前我国高校思想政治教育实效性不足的现实，以新时代经济社会发展对高校育人提出的新要求为方向，建立严密、连续的实践机制，开创新形势下大学生思想政治工作体系的新格局。

2.提升高校德育工作水平

随着科学技术的迅速发展，经济全球化趋势愈演愈烈，国际国内环境都发生了深刻变化，各种思潮、各种文化的激荡日益激烈，大学生极易受到不良思想、不良文化和不良风气的影响。当前，我国正处于全面深化改革的深水区，社会的变革在推动进步的同时，也不可避免地产生了一些问题。如何在复杂多元、开放自由的环境下，结合信息时代下思想政治教育的新特点，教育引导大学生树立社会主义核心价值观，不断提高学生的思想水平、政治觉悟、道德品质和文化素养，把握新形势下高校思想政治工作面临的问题，卓有成效地开展德育教育，是当前高校思想政治工作中的艰巨任务。

三全育人的教育理念是一个开放、严密、系统的德育教育模式，将思想政治教育渗透在学生学习、生活、成长的各个时期，整合各种德育教育资源，拓宽思想政治教育渠道，形成时时有德育、处处有德育、事事有德育的良好局面。同时，抓住大学生成长成才的关键时期，开展全方位育人，提高思想政治教育对开放、多变的外部环境的适应能力，增强德育教育的科学性和实效性，全面提升高校德育教育水平。

3.促进大学生全面健康成长

社会的发展和进步主要依靠高素质人才，高校是培养人才的摇篮，必须坚持贯彻落实党的教育方针，提升大学生综合素质，促进大学生全面健康成长成才。因此，不仅要让大学生在学校获得专业知识和专业技能的提高，还要让大学生树立正确的世界观、人生观和价值观，用社会主义核心价值观引领青年学生，引导学生发扬优良传统，传承红色基因，培养爱国爱民之情，砥砺报国奉献之志，构筑起坚实的精神堡垒，正确处理好个人利益与国家利益、个人需求与社会责任之间的关系，把自己的人生价值同祖国的需要结合起来，把承担社会责任作为一种精神追求、一种生活方式，带头倡导良好社会风气。

三全育人这样全面系统的育人模式恰恰满足了当下的教育需求。它不仅将思想政治教育融入教育教学全过程，还从各个方面入手，多管齐下发挥育人作用，既发挥出了课堂教学等主渠道育人作用，促进了大学生掌握应该学好的专业知识和技能，还通过校园文化活动、社会实践活动等多种渠道开阔了学生的眼界、锻炼了学生的能力、锤炼了学生的品格，最终达到促进大学生综合素质和全面健康发展的目的。

参考文献

[1] 刘赟，汤飞飞．高校"三全育人"教育教学现状及对策研究 [J]．经济师，2022（04）：219-221.

[2] 徐钰婷．高校深化"三全育人"一体化发展的体制机制研究 [J]．国家林业和草原局管理干部学院学报，2022，21（01）：17-21+35.

[3] 高武，杨婉玲．高职院校"三全育人"实践研究 [J]．教育与职业，2021(23)：48-53.

[4] 刘子高．新时代高校"三全育人"体系建构研究 [J]．辽宁经济管理干部学院学报，2021（05）：62-64.

[5] 王立国，李子晗．课程思政"三全育人"格局的构建 [J]．牡丹江师范学院学报 (社会科学版)，2021（04）：101-103.

[6] 郭先根，景云．高校"三全育人"模式实现路径探究 [J]．黑龙江工程学院学报，2021，35（04）：69-72.

[7] 陈思，王斌伟．中国高校"三全育人"研究回顾与展望：一个文献综述 [J]．湖北社会科学，2021（08）：142-150.

[8] 李根，赵岩．科学家精神融入高校"三全育人"的价值意蕴与实践路径 [J]．高校学生工作研究，2020（02）：95-101.

[9] 关诗雯，袁野，王真新．高等学校"三全育人"研究述评 [J]．河南科技学院学报，2021，41（04）：59-64.

[10] 陈玲．"三全育人"协同创新组织的建构 [J]．学校党建与思想教育，2021（04）：81-83.

[11] 张微，吴婷．新时代高校"三全育人"研究 [J]．理论建设，2021，37（01）：88-92.

[12] 陈潘，陈士良.新时代高校"三全育人"改革探索：问题与路径[J].黑龙江教育(理论与实践)，2021（02）：6-8.

[13] 张亚光，曾丹旦."三全育人"视域下高校科研育人探究[J].学校党建与思想教育，2021（01）：91-93.

[14] 陶辉.新时代高校"三全育人"的实现路径和保障机制研究[J].广西教育学院学报，2020（05）：120-124.

[15] 董秀娜，李洪波.高校"三全育人"协同机制构建研究[J].思想教育研究，2020（08）：148-152.

[16] 张仙智.高校"三全育人"综合改革实践路径探究[J].思想理论教育，2020（07）：97-101.

[17] 罗馨."三全育人"视域下大学语文课程育人的实现路径研究[D].西安：西安科技大学，2020.

[18] 刘润，王小莉.高校"三全育人"工作路径与机制的探索实践[J].思想教育研究，2020（06）：115-118.

[19] 包昱辉.新时代高校三全育人建设路径研究[D].包头：内蒙古科技大学，2020.

[20] 苟建强.基于立德树人的高校"三全育人"路径研究[D].重庆：重庆工商大学，2020.

[21] 陆舒湄."三全育人"格局下高校课程思政实践路径研究[D].杭州：浙江理工大学，2020.

[22] 邓国彬.新时代高校"三全育人"格局体系构建[J].社会科学家，2020（03）：141-145.

[23] 孙旭，金鑫，王旭东.三全育人研究综述[J].高教论坛，2020（02）：18-21+65.

[24] 葛清清，苏国红."三全育人"的内涵与内在逻辑[J].皖西学院学报，2020，36（01）：27-31.

[25] 于天奇.立德树人视阈下高校"三全育人"的创新路径研究[D].石家庄：河北科技大学，2019.

[26] 高歌，赵丽娜.构建"三全育人"新平台的实践探索[J].学校党建与思想教育，2019（20）：32-34.

[27] 叶佳 . 新时代高校"三全育人"的工作机制研究 [J]. 高教学刊,2019(15)：46-48.

[28] 王丽萍 ."三全育人"视域下大学生思想政治教育问题及对策研究 [D]. 西安：西安科技大学，2019.

[29] 杨萍 . 高校"三全育人共同体"的价值追求及其实现路径研究 [D]. 武汉：华中师范大学，2019.

[30] 林毅 . 试论高校"三全育人"理念的内涵及落实机制 [J]. 齐鲁师范学院学报，2018，33（04）：19-26.